光联万物

千兆光网行业应用案例汇编

中国信息通信研究院◎主编

人民邮电出版社

北京

图书在版编目（CIP）数据

光联万物：千兆光网行业应用案例汇编 / 中国信息通信研究院主编. -- 北京：人民邮电出版社，2024.4
ISBN 978-7-115-63339-2

Ⅰ. ①光… Ⅱ. ①中… Ⅲ. ①光纤网－产业发展－案例－中国 Ⅳ. ①F426.63

中国国家版本馆CIP数据核字(2023)第244463号

内 容 提 要

本书从千兆光网的发展演进、技术内涵等维度阐述千兆光网的整体价值内涵，同时对千兆光网在数字政府、数字经济、数字社会维度的支撑价值进行了概括性阐述。本书围绕社会经济与民生相关领域，聚焦业内知名、代表性强、模式可复制的千兆光网融合应用，收录了智能制造、智慧医疗、智慧教育、数字政府、智能建造、数字金融、智慧城市、信息消费、交通运输、文旅体育、数字乡村领域的典型案例，展示了当前千兆光网融合应用在各垂直行业中的落地效果，为传统产业的数字化转型提供经验借鉴和支撑。

本书适合从事千兆光网应用创新的相关从业人员，包括电信运营商、电信设备制造商、千兆光网应用解决方案提供商等从业人员阅读，同时可为关注千兆光网融合应用的各垂直领域从业人员提供参考。

♦ 主　　编　中国信息通信研究院
　　责任编辑　苏　萌
　　责任印制　马振武
♦ 人民邮电出版社出版发行　北京市丰台区成寿寺路11号
　　邮编　100164　电子邮件　315@ptpress.com.cn
　　网址　https://www.ptpress.com.cn
　　北京九州迅驰传媒文化有限公司印刷
♦ 开本：700×1000　1/16
　　印张：16.25　　　　　　　　2024年4月第1版
　　字数：200千字　　　　　　　2024年11月北京第2次印刷

定价：99.80元

读者服务热线：(010)53913866　印装质量热线：(010)81055316
反盗版热线：(010)81055315
广告经营许可证：京东市监广登字 20170147 号

前言
PREFACE

为推动涌现一批业务模式创新、发展前景良好、具有鲜明示范意义的千兆光网业务应用，带动我国千兆光网产业蓬勃发展，支撑千行百业的数字化转型，助力我国社会经济高质量发展，中国信息通信研究院联合相关单位举办了首届"光华杯"千兆光网应用创新大赛。

首届"光华杯"千兆光网应用创新大赛自2021年9月28日启动以来，得到了社会各界的广泛关注，各参赛单位积极踊跃报名，在全国掀起了千兆光网应用创新的热潮，大赛共征集到近3000个参赛案例，参赛案例覆盖VR/AR（虚拟现实/增强现实）、智慧家庭、云游戏、超高清视频等新型信息消费领域，以及制造、矿山、港口、园区等融合应用领域和数字政府、智慧医疗、智慧教育、智慧环保等社会民生服务领域。

经过初赛、复赛的层层遴选，150个优秀案例入围全国决赛，并最终有100个优秀案例荣获首届"光华杯"千兆光网应用创新大赛全国总决赛一、二、三等奖。本书的案例来自全国总决赛入围案例，从行业分布特点、案例示范效应等多方面选出11个行业的典型优秀案例，并向全国推广宣传。

希望本书能够为相关行业和领域提供一定的参考，示范引领千兆光网业务应用创新，促进产业生态融合发展，助力我国千行百业的数字化转型和经济社会高质量发展。在此，谨对参与和支持本案例精编工作的中国电信、中国移动、中国联通、中国广电以及相关企业单位表示诚挚感谢,文中描述不当之处也敬请广大行业专家和读者批评指正。

作者

目录
CONTENTS

第一章　智能制造

一、行业背景　　002
（一）行业基本情况　　002
（二）行业需求　　003
（三）千兆光网解决行业痛点　　003
（四）千兆光网行业规模化应用分析与总结　　004

二、案例介绍　　005
（一）案例名称：中原内配集团股份有限公司
　　　　全光互联，工业 PON 智造未来　　005
（二）案例名称：高瓦斯深井矿万兆光网，
　　　　助力企业安全升级　　009
（三）案例名称：工业 PON 全光网络筑基宁波奥云德
　　　　电器有限公司汽车配件制造"未来工厂"　　012
（四）案例名称："双千兆"网络赋能广西柳工集团有限
　　　　公司智能制造工业互联网平台千万级商用项目　　016
（五）案例名称：基于"双千兆"网络的小米科技
　　　　有限责任公司 3C 智能工厂　　021
（六）案例名称：探索基于工业 PON 的中小企业
　　　　数字化转型创新应用　　024
（七）案例名称：基于 TSN（时间敏感网络）管控面
　　　　协议的"工业 PON+ 工业光总线"融合示范工厂　　026

第二章 智慧医疗

一、行业背景 — 032
（一）行业基本情况 — 032
（二）行业需求 — 033
（三）千兆光网解决行业痛点 — 033
（四）千兆光网行业规模化应用分析与总结 — 034

二、案例介绍 — 035
（一）案例名称：立足"双区"，构建
　　　　"双千兆"+智慧医疗健康服务平台 — 035
（二）案例名称：千兆光网赋能南通大学附属医院
　　　　新一代智慧手术室 — 038
（三）案例名称：基于"双千兆"的浙江大学医学院
　　　　附属第一医院云网融合智慧医疗示范项目 — 043
（四）案例名称：千兆光网+多技术融合创新赋能
　　　　智慧医院转型 — 046
（五）案例名称：基于千兆专线组网的青海省
　　　　远程医疗业务协同平台 — 049
（六）案例名称：柳州市柳铁中心医院"双千兆"
　　　　智慧云上远程诊疗平台项目 — 052
（七）案例名称：云光融合建设首个智慧协同医疗集团 — 055

第三章 智慧教育

一、行业背景 — 060
（一）行业基本情况 — 060
（二）行业需求 — 061
（三）千兆光网解决行业痛点 — 061

（四）千兆光网行业规模化应用分析与总结　　062

二、案例介绍　　063

（一）案例名称："千兆光网 + 云 VR 教育"
　　　助力教育普惠发展和信息化转型　　063

（二）案例名称：甘肃联通 ODN 3.0+FTTR
　　　助力教育宽带发展　　066

（三）案例名称：教育精品网助力数字教育
　　　公共服务体系升级　　068

（四）案例名称：基于千兆光网的市教育局
　　　智慧校园建设项目　　072

（五）案例名称：江苏省教育厅 IPv6+"双千兆"
　　　城乡结对互动课堂项目　　075

（六）案例名称：千兆光网打造西藏自治区教育
　　　发展新引擎　　078

第四章　数字政府

一、行业背景　　082

（一）行业基本情况　　082
（二）行业需求　　083
（三）千兆光网解决行业痛点　　083
（四）千兆光网行业规模化应用分析与总结　　084

二、案例介绍　　085

（一）案例名称：全光网技术助力打造中山市
　　　数字政府坚实基座　　085

（二）案例名称：元和街道关于智慧社区"三定一督"
　　　全要素全光网监测感知计量平台　　087

（三）案例名称："双千兆"助力南山区
　　　打造"圳智慧"标杆　　090

（四）案例名称：构建"1+N+X"黄河流域
　　　　生态保护和高质量发展专网
　　　　——"双千兆"光云融合赋能智慧水务　　092
（五）案例名称：基于 OTN 多级组网的智慧消防
　　　　解决方案及典型应用　　095

第五章　智能建造

一、行业背景　　100
（一）行业基本情况　　100
（二）行业需求　　101
（三）千兆光网解决行业痛点　　101
（四）千兆光网行业规模化应用分析与总结　　102

二、案例介绍　　103
（一）案例名称：光网与 5G 创新融合，
　　　　打造"双千兆"智慧工地　　103
（二）案例名称：云网创新助力战疫
　　　　——火神山、雷神山"云监工"项目　　105
（三）案例名称："双千兆"光网助力中交
　　　　第四航务工程局有限公司打造首个
　　　　5G 智慧工地指挥调度平台　　108

第六章　数字金融

一、行业背景　　114
（一）行业基本情况　　114
（二）行业需求　　114
（三）千兆光网解决行业痛点　　115

（四）千兆光网行业规模化应用分析与总结　115

二、案例介绍　116
（一）案例名称：国有大型银行二级网改造项目　116
（二）案例名称：OTN 助力国盛证券有限责任公司数智化转型　118

第七章　智慧城市

一、行业背景　122
（一）行业基本情况　122
（二）行业需求　122
（三）千兆光网解决行业痛点　123
（四）千兆光网行业规模化应用分析与总结　124

二、案例介绍　125
（一）案例名称：上海全光智慧城市　125
（二）案例名称：基于千兆光网 +5G 的智慧城市全场景应用项目　128
（三）案例名称：打造新型基础设施"全光底座"——基于 P2MP（点到多点）技术建设"智慧城市"的创新实践　131
（四）案例名称：首都全光智慧城市标杆　135
（五）案例名称：雄安（容东）智能城市光网基础设施项目　137
（六）案例名称：基于千兆光网接入的视频云网的搭建暨"慧眼"场景化规模复制　141

第八章 信息消费

一、行业背景　　146
（一）行业基本情况　　146
（二）行业需求　　147
（三）千兆光网解决行业痛点　　148
（四）千兆光网行业规模化应用分析与总结　　149

二、案例介绍　　150
（一）案例名称："万兆光网+算力云"
助力多场景行业发展　　150
（二）案例名称：基于真千兆的HDICT保障方案　　152
（三）案例名称：以C系统+cuLink打造
中国联通智慧家庭三千兆创新产品体系　　155
（四）案例名称：北京联通FTTR冬奥社区宽带组网　　159
（五）案例名称：以五星千兆宽带FTTR推动
"双千兆"发展，满足家庭全屋高速上网需求　　162
（六）案例名称：湖北电信千兆光网在
"微醺"经济领域的创新应用与实践　　166
（七）案例名称：基于云宽带的光网创新应用　　169
（八）案例名称：云南电信基于流量AI切片
技术的场景化千兆业务创新　　172

第九章 交通运输

一、行业背景　　178
（一）行业基本情况　　178
（二）行业需求　　178
（三）千兆光网解决行业痛点　　179

（四）千兆光网行业规模化应用分析与总结　　180

二、案例介绍　　181

（一）案例名称：海洋渔业空天地海一体化
　　　　　　　　宽带网络信息服务　　181
（二）案例名称："双千兆" + 北斗 + 人工智能
　　　　　　　　赋能智慧港口项目　　183
（三）案例名称："双千兆"融合实现车路协同
　　　　　　　　赋能智慧交通　　188
（四）案例名称：光耀山东，高速未来
　　　　　　　　——山东联通智慧交通行业最佳实践　　190
（五）案例名称：黄渤海一体化"双千兆"
　　　　　　　　海洋经略专网助力海洋科技创新加速　　193

第十章　文旅体育

一、行业背景　　198

（一）行业基本情况　　198
（二）行业需求　　199
（三）千兆光网解决行业痛点　　200
（四）千兆光网行业规模化应用分析与总结　　201

二、案例介绍　　202

（一）案例名称：北京联通 Smart Link 智慧专线助力
　　　　　　　　2022 年北京冬奥会 4K/8K 超高清直播　　202
（二）案例名称：千兆光网 + 云 +AI 赋能 XR
　　　　　　　　综合性行业应用平台　　206
（三）案例名称：千兆光网，让文物"活"起来
　　　　　　　　——河南博物院千兆光网创新应用　　210
（四）案例名称：千兆光速全民健身体育赛事
　　　　　　　　直播赋能平台　　214

（五）案例名称：千兆光网助力崇礼
三级联合指挥实现智慧冬奥　　217
（六）案例名称：基于"双千兆"网络的
中国国家话剧院智慧剧场应用　　220
（七）案例名称：基于千兆光网与云计算的智慧观赛　　223

第十一章　数字乡村

一、行业背景　　228
（一）行业基本情况　　228
（二）行业需求　　229
（三）千兆光网解决行业痛点　　229
（四）千兆光网行业规模化应用分析与总结　　230

二、案例介绍　　231
（一）案例名称：四川移动千兆数智光网加速
大凉山彝族自治州数字乡村发展　　231
（二）案例名称：基于数字化的光网新型 ODN
在乡村振兴中的应用　　234
（三）案例名称：依托"互联网 +"和千兆光网，
助力森林防火防控体系　　238
（四）案例名称：千兆光网赋能乡村振兴　　241
（五）案例名称：千兆光网 + 智慧云散养牛融合应用　　245

第一章
智能制造

一、行业背景

（一）行业基本情况

根据我国国家标准《国民经济行业分类》（GB/T 4754—2017），智能制造属于制造业门类，包含31个大类，如纺织业（代码17）、汽车制造业（代码36）、仪器仪表制造业（代码40）等离散制造业，以及石油、煤炭及其他燃料加工业（代码25）、化学原料和化学制品制造业（代码26）、黑色金属冶炼和压延加工业（代码31）等流程制造业。《"十四五"智能制造发展规划》指出，智能制造是制造强国建设的主攻方向，其发展程度直接关乎我国制造业质量水平。发展智能制造对于巩固实体经济根基、建成现代产业体系、实现新型工业化具有重要作用。

智能制造主要推动三大关键生产能力。一是安全高效生产，原材料与人工成本促使制造业企业需要进一步提升生产效率，同时企业对安全合规生产的要求不断提高，企业生产需要严格防范安全生产事故。二是精准产能生产，制造业企业既要避免产能不足的情况出现，又要减少产能过剩现象，市场产能预测与生产线精准排班的重要性不断凸显。三是绿色低碳生产，能耗指标要求逐步严格，"双碳"目标要求制造业企业减少生产污染与降低能耗，实现绿色低碳生产是智能制造的关键能力之一。

（二）行业需求

在制造业企业数字化、智能化转型的大背景下，制造业企业需要对终端设备和厂区环境进行有效监测，并通过大数据分析手段分析危险生产行为与环境威胁，提高安全生产能力。随着制造终端及相关传感监测设备规模的不断扩大，传统网络连接成本与升级改造需求不断上升。在产品生产制造方面，现代化流水线作业极大地提升了产品生产能力，随之而来的是环节不断增加的产品合规质检流程。传统人工质检已成为产品出厂面市的最大瓶颈，新型的机器视觉质检将推动产品质量控制的数字化和智能化转型，极大地提升生产效率。此外，制造业企业对产品生产过程还有灵活调整生产节奏的需求，打通现有内部系统是实现精准生产的必要条件。在节能减排方面，高污染、高能耗企业面临更为严格的能耗指标要求，企业亟须绿色低碳转型升级。智能环保系统对企业污染和能耗来源进行有效溯源和管理，企业能够依托智能环保系统减少无序排放，优化生产流程，降低整体能耗。

（三）千兆光网解决行业痛点

基于工业无源光网络（PON）的千兆光网实现企业办公区、生产车间、仓储物流、生活配套设施、园区环境网络全覆盖，同时采用网络切片技术，实现办公协同、生产管理、生产控制、安防监控等全业务一张网承载，连接企业资源计划（ERP）系统、制造执行系统（MES）、产品生命周期管理（PLM）系统、仓库管理系统（WMS）等生产流程管理类工业软件，为精准产能生产奠定坚实基础。"千兆光网+人工智能（AI）"安全检查满足高精度和大范围安全管理的行业需求，应用模式识别、异常分析等人工智能技术，在安全监理、产品质检和人员合规管理方面，实现实时安全防范与主动预警，在助力安全高效生产等方面发挥了关键支撑作用，协助工业企业降本增效、安全生产。千兆光网承载智能环保系统中的视频监控、环境质量监测和生产线能耗监测数据，并将这些数据实时回传至本地数据中心进行分析，从而合理决策、安排生产流程，避免无序排放，实现企业绿色低碳生产。

（四）千兆光网行业规模化应用分析与总结

当前，"千兆光网+智能制造"应用呈现从基础互联向多层次、多技术融合发展态势。在原材料调配、生产质检、安防、办公、节能环保等各个方面综合应用千兆光网、智能传感器、AR/VR、大数据与 AI 等技术，实现物理系统中的生产制造数据的实时交互与分析，打造工厂数字孪生体系，从而对工厂生产状态进行实时掌控，让能耗管理、自动排产、设备预测性维护等工作尽在掌握中。在"千兆光网+智能制造"应用中，基于千兆光网实现的工厂内部生产、办公、安防等的全业务一张网承载，海量工业生产数据回传，工业设备远程控制，机器视觉质检等应用场景和业务较为成熟，可以推广复制。

千兆光网和智能制造行业融合应用，赋能制造业高质量发展仍面临三大问题。一是跨行业协同依旧不足。如何实现制造业需求与信息通信技术间的适配仍然是行业应用的一个关键问题。面对跨行业的基础设施协同部署、信息技术（IT）与运营技术（OT）数据融合等难题，形成高效的跨行业协同机制是关键。二是合作模式需要进一步丰富和探索。千兆光网赋能制造业数字化转型的设备已经成熟，如工业级光网络单元（ONU）、工业级光线路终端（OLT）等进行了相应的适配升级，但千兆光网在智能制造行业中的应用涉及多方主体，在商业模式等方面的合作机制需要进行深入探索和丰富，从而进一步提升千兆光网在智能制造行业中的应用动能。三是网络安全保障体系需要健全。制造业的数据敏感度与对保障生产安全的需求促使千兆光网应用更全面、更安全的加密和认证机制，并进一步加强云边端安全协同与防护机制。

二、案例介绍

（一）案例名称：中原内配集团股份有限公司全光互联，工业 PON 智造未来

1. 案例背景

近年来，制造业企业智能化改造和数字化转型的意识和需求不断增强，智能制造解决方案供应商、工业互联网平台等支撑主体迅速发展；智能制造诊断服务、省级智能制造示范车间、工厂，工业互联网标杆工厂等受到广大企业响应。因此，推进制造业企业智能化改造和数字化转型，是提升产业链供应链自主可控能力、推进制造业高质量发展的迫切需要。对制造业企业来说，"智改数转"已不再是"选择题"，而是关乎生存和长远发展的"必修课"。

中原内配集团股份有限公司作为全球最大的发动机气缸套制造企业，产品在国内市场占有率达45%，在国际市场占有率为15%以上。国际市场的主要客户有奔驰、宝马、通用、福特、沃尔沃等企业，这些巨头推动

中原内配集团股份有限公司不断地进行技术革新,目前拥有1个国家级实验室、1个"博士后科研工作站",国家科研成果和专利技术超过800项,其中国际专利17项。中原内配集团股份有限公司的自主创新始终走在前列,在"双千兆"技术的赋能下,其智能制造实现了从连到链的跨越。通过连,打通设备连接;通过链,服务整个生态链。

目前,中原内配集团股份有限公司在发动机气缸套生产过程中面临着以下痛点。

- 车间内的海量设备缺乏互联,数据孤岛现象普遍存在。
- 物流管理效率低下,叉车司机招工难,人力成本居高不下。
- 能耗缺乏综合管理,造成资源浪费。
- 质检环节严重依赖人工目测质检,检测效率低,易出错。

2. 解决方案

(1)技术方案

中原内配集团股份有限公司的整个园区采用一张光网实现一网全场景覆盖,一纤全业务承载,如图1-1所示。全光工业网使用OLT替代汇聚交换机,光分配网(ODN)无源安全可靠,成本可降低40%;光纤传输不受电磁干扰,使用寿命长;超大带宽使用XGS对称型万兆上行,可以有效地满足高清视频及时上传的需求;同时构建本地智慧多接入边缘计算(MEC),关键业务就近分析,边缘计算处理高效迅捷。

(2)应用场景

① 园区内实现万物互联

"双千兆"技术让许多孤立的设备、系统与平台建立连接,数据实时采集,现场实测端到端的时延可在5ms以内。"千兆光网+工业互联网""POL(无源光局域网)+Wi-Fi6+MEC+云化AGV(自动导引

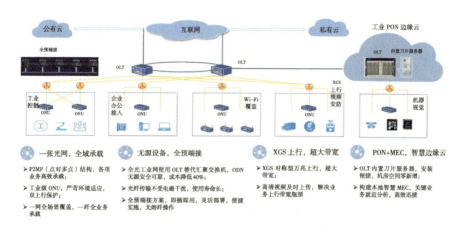

图1-1 项目技术方案

车)""XGS PON+MEC+视觉质检云"这三大应用,"打通"各生产要素流动梗阻,配合智能化技术,实现不同生产要素间的高效协同,从而提高生产效率,使工业互联网的智能感知、泛在连接、实时分析、精准控制等需求得到满足,实现制造环节中的操作空间集中化、操作过程自动化、运维辅助远程化、服务环节在线化,如图1-2所示。

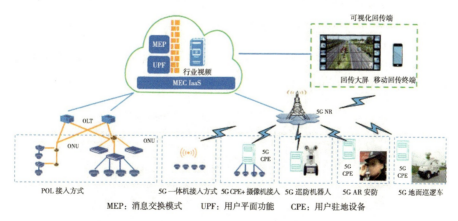

图1-2 园区内实现万物互联

② 园区内实现机器视觉自动化检测

通过部署XGS-PON/XG-PON/G-PON三模Combo,可建立上下行对称的10Gbit/s超大带宽通道，实现超高清质检画面低时延、高可靠传输；此外，OLT内置刀片服务器，快捷构建了轻量边缘云，即插即用，无须机房设备，经济高效，通过构建本地智慧MEC，质检画面和关键业务可就近分析，安全迅捷。视觉质检技术在千兆光网与边缘云的深度结合下，实现了气缸套质检的自动化，如图1-3所示。

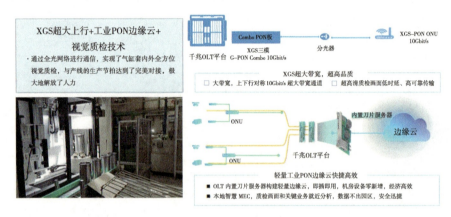

图1-3　机器视觉质检

③园区内实现数字孪生

利用抓取到的生产实时数据进行特定的能耗、排产、投入、产出分析，建立分析模型，实现对工厂生产状态的实时掌控，动态感知能耗管理、自动排产、设备预测性维护等工作状态，界面如图1-4所示。

图1-4　数字孪生工厂模型界面

3. 应用成效

"双千兆"网络赋能中原内配集团股份有限公司柔性制造,助力企业提质增效:通过 AGV 的应用实施,物流管理人员减少近 60 人,每年人力成本节约近 800 万元;通过物流管理平台,仓储管理效率提升了 30%;通过大数据分析平台智能分析管理,企业实现综合生产效率提升 5%、能源节约 3% 和成本降低 4%;通过构建基于 AI 技术的视觉质检,代替传统的人工目测质检,提升检测效率,节约人力成本。

(二)案例名称:高瓦斯深井矿万兆光网,助力企业安全升级

1. 案例背景

2021 年,全国规模以上煤炭企业营业收入 32896.6 亿元,占当年全国 GDP(国内生产总值)的比重约为 2%。煤炭消费量占能源消费总量的 56%,因此煤炭在我国能源结构中占据主导地位,且预计未来 20 年仍将占据主导地位。中国平煤神马控股集团有限公司(简称"中国平煤神马集团")是新中国成立以来,第一个自主设计、建设的特大型煤炭基地,已连续开采 67 年,年产量超过 6000 万吨。

因煤矿井下时间长、设备陈旧、工作条件差等问题,智能化矿山建设及相关政策不断出台,为智慧矿山建设提供了标准和方向。基于光纤网络的智慧矿山已经成为趋势,中国平煤神马集团通过智能化矿山建设,将逐步实现危险岗位"机器换人"的目标,推动井下无人化、少人化进程。

2. 解决方案

(1)技术方案

考虑到智能化煤矿的实际需要和将来的发展趋势,各系统的实际需求

及具体的使用特性，同时兼顾技术新旧更替不断加快的特点，网络的设计原则为先进性、成熟性、实用性、安全性、互联网性、可扩展性和经济性。总体网络架构分为管理层、控制层和设备层。其中管理层采用地面局域网，控制层采用高速工业以太网，设备层采用现场总线。中国平煤神马集团全光网络架构如图1-5所示。

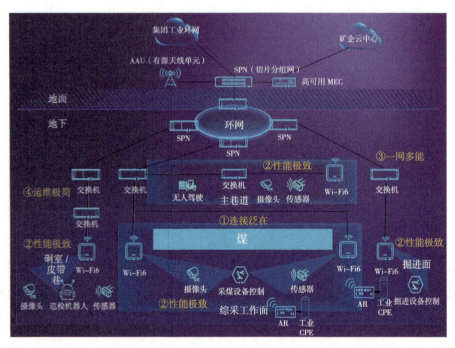

图1-5　中国平煤神马集团全光网络架构

同时，井下融合组网方案将千兆光网引入井下，融合4G、5G、Wi-Fi等技术，实现井下巷道各区域的全网络覆盖，保证端到端安全、可靠、稳定，在满足基本通信需求的基础上，赋能生产环节。

（2）应用场景

① 精准远控，千兆光网助力掘进开疆拓土

中国平煤神马集团矿井均属于深井矿，井深超千米，高瓦斯、高粉尘、水文条件极为复杂。在掘进工作中,需要实时将前方画面上传至井上,采用传统的网络建设模式,无法满足井下作业要求。

本项目通过对掘进机的通信模块改造,实现了以太网接入和无线网接入两种模式。在以太网接入方面,井下光纤对接掘进机的外置通信接口,打通有线网络。在无线网接入方面,掘进机外置隔爆型工业 CPE,完成信号转换,通过外引的抗压天线将雷达数据通过 Wi-Fi 通信系统传输至控制中心,如图 1-6 所示。

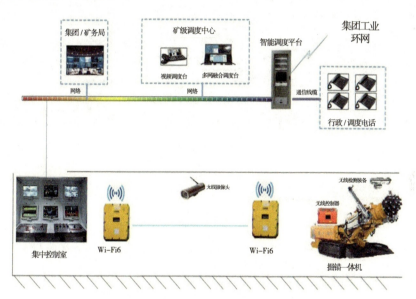

图 1-6　掘进工作面千兆光网应用场景

② 无线综采,千兆光网助力煤矿减人增效

在工作面两侧部署 Wi-Fi6,实现工作面切面千兆光网的覆盖,实现采煤机信号(包括机载高清视频、传感中心信号、参数控制信号)通过千兆光网传输至地面控制室和列车控制室。在地面远程操作台和采煤机顺槽控制箱体内配置矿用转发器和智能控制模块,实现地面控制室与采煤机等设备的通信交互、控制信令传输,实现智能化综采工作面的远程控制。

③智能测量，千兆光网实现运输3D智能监测

利用"中国平煤神马集团智慧矿山平台+智能视觉算法"，项目在全国范围内率先完成皮带运输系统千兆光网部署，在皮带运输系统上方安装工业级的3D智能相机，采用点云大数据识别技术，对实时的煤流进行智能测量，通过千兆光纤，将现场测量的图片实时传递到智能视觉算法平台上，输出测量结果，如图1-7所示。

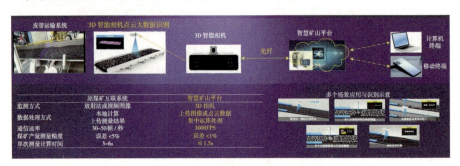

图1-7 3D智能监测应用场景

3. 应用成效

智慧采掘带来的不仅是信息化的升级，更是工作的智能化，带动行业总体工作效率的提升。根据初步测算，中国平煤神马集团十矿智慧矿井实施后，井下危险工作岗位人员减少569人，年人工成本降低8000万元，年营业额提升3000万元。人均采煤量由原来的300吨提升至1200吨。

（三）案例名称：工业PON全光网络筑基宁波奥云德电器有限公司汽车配件制造"未来工厂"

1. 案例背景

2020年，浙江省率先提出"未来工厂"的建设设想。"未来工厂"广泛应用数字孪生、AI、大数据等新一代信息技术革新生产方式，以数据驱

动生产流程再造，提升企业价值链和核心竞争力。OT 系统是未来智慧工厂的支柱，而 IT 系统也是企业高效运转不可缺少的一部分。IT、OT 走向融合是必然的选择，它将优化业务流程、提升决策信息质量、降低成本、缩短项目时间。IT、OT 融合包括网络互联互通、开放技术赋能及业务应用的融合互通。

宁波奥云德电器有限公司所属的汽车配件市场形势大好，但同时也面临着产能扩大、产品多样化和客户需求的不确定性等问题，更需要柔性生产以应对来自快速交付、人力成本增长、熟练技术工人短缺等方面的压力和挑战。宁波奥云德电器有限公司加快了对二期工厂的智能化和数字化转型升级。二期项目配套特斯拉的供应链需求，需要对新生产线和旧生产线进行全面的数字化改造和企业管理的数字化转型，以实现对生产过程的全质量溯源和减人增效，并提升物流效率。其中数字化工厂、绿色工厂、"工业大脑"等建设均对机器的互联、能耗的实时在线采集、可视化和透明化的呈现提出了新的、更高的要求，亟须改造全厂网络以适应工厂的数字化转型，打造"未来工厂"。

宁波电信通过工业 PON 赋能宁波奥云德电器有限公司的工厂，打造数字化底座，推动行业应用快速落地，依托千兆全光网技术推动工业生产智能化转型，助力宁波奥云德电器有限公司实现制造智能化、质量可控化、交期可视化，成为"智造"新时代的"未来工厂"。

2. 解决方案

（1）技术方案

本项目为数字化车间建设项目，以宁波奥云德电器有限公司的"未来工厂"转型升级为指引，采用"工业 PON+5G+MEC"构建工厂"双千兆"智能光网，对智慧园区的办公场景、生产场景进行网络部署，通过

PON 实现有线场景的覆盖，通过"5G+工业 Wi-Fi"实现无线场景的覆盖。通过构建 MEC 平台和奥云德私有云实现 MEC，将计算后的核心数据上传至私有云，实现云边协同。

工业 PON 智能光网解决方案负责有线场景的网络覆盖，可覆盖半径为 20km 的无源全光网络，稳定提供大带宽和低时延的网络性能，网络结构扁平化，集中进行配置与管理；同时采用切片技术对各应用网络进行隔离，达到一网接入、多业务统一承载。该解决方案支持远程运维，提供可视化的运维界面；支持基于 AI 能力的智能化运维建设；支持与 5G 融合打造"双千兆"厂区；支持与边缘计算融合构建云边协同能力。

工业 PON 实现业务覆盖办公协同、生产管理、生产控制、安防监控等多种生活场景的融合全光网络，解决客户传统网络分层复杂、可靠性差、时延高等亟须解决的网络问题，奠定"未来工厂"的建设基础。如前所述，通过构建 MEC 平台和奥云德私有云实现 MEC，MEC 平台可将数据回传至宁波奥云德电器有限公司的内部网络及部署于 MEC 资源内的 AI 视频分析系统、AR 远程协助系统、AGV 调度系统、数据采集与监控系统（SCADA）平台、C2C（用户对用户）控制中心，实现计算资源边缘下沉，数据不出园区。

（2）应用场景

① 工业数据采集

宁波奥云德电器有限公司的"未来工厂"数字化车间承载网使用 PON 作为企业车间的承载网，OLT 位于企业机房内，根据不同类型的车间接入设备可以使用不同种类的 ONU 设备，如 MDU、SBU 等。同时可以使用无源分光器进行分级组网，从而实现生产设备的实时在线数据采集。

② 生产管理，协同办公

宁波奥云德电器有限公司的办公网络分为生产管理网和协同办公网。其中生产管理网主要采用 PON 的 OLT 切片实现，承载 ERP、MES、APS（高级计划与排程）、PLM、WMS 等生产流程管理类工业软件。而协同办公网通过 OLT 的另外一个切片，实现运行视频会议、OA（办公自动化）、SRM（供应商关系管理）、CRM（客户关系管理）等有外网协同需求的应用软件。

③ 园区安防光网全接入

宁波奥云德电器有限公司的二期项目园区面积大，安防类接入设备（如视频监控、道闸、门禁等）分布广、点位多。采用工业 PON 接入具有明显的广覆盖优势。视频接入网使用 PON 作为企业视频监控的接入网络，OLT 位于企业机房内，通过无源分光器连接企业各区域的 ONU 设备，ONU 设备可连接一路或多路摄像头视频信号、门禁、道闸考勤系统设备信号，实现企业园区内的安防设备全光组网。

④ AI 安全检查

项目组以 AI 技术为手段，把握"高精度质量检测，大范围安全管理"的行业需求，应用机器视觉、体态识别、异常行为分析预警等人工智能技术，在安全防范、监管实施、质量检测和生产流程管理方面，实现实时监控、自动发现问题、主动预警，解决了过去依靠肉眼或"远水救不了近火"的窘境，确保生产安全高效、劳动力分配得当，以及保持低成本优势，助力工业企业"降本增效、安全生产"。

⑤ 基于"PON+5G"的 C2C 控制

PON 的端到端光网络、5G NR（新空口）的低时延、高可靠性有效改善了以往 Wi-Fi 的时延高、可靠性低的缺陷，而 MEC 的部署不仅保证了机器人PLC（可编程逻辑控制器）控制信息的安全可靠性，也进一步有效地降低了时延。

3. 应用成效

目前，该工厂已经成为2021年度慈溪市仅有的两家浙江省"未来工厂"的样板示范工厂之一。中国电信股份有限公司宁波分公司（以下简称"宁波电信"）联合中国电信上海研究院和中兴通讯为宁波奥云德电器有限公司提供以工业PON全光网络为基础、配合5G和工业Wi-Fi的固移融合综合工业内网解决方案及工厂园区网络的解决方案。本项目是千兆光网在浙江省"未来工厂"和工厂园区应用的典范，也是宁波市2021年度"千兆城市"建设的重要组成部分。

本项目于2021年12月全部建设完成。项目竣工投产后，生产效率提高25%、运营成本降低25%、产品生产周期缩短35%、产品不良率降低25%、能源利用率提高15%，通过MES和PDA（掌上电脑）的联动使整体生产线自动化运行。整体生产线投产以后，终检从原来的10人减少为1人。本项目针对工业互联网场景需求，对PON技术进行了系统性、架构性创新，通过自主研发核心芯片实现工业PON关键技术自主可控，通过云网边端融合及IT与OT的融合，新型工厂网络部署成本大大降低，工业制造业各类基础性和创新性需求得到满足。

（四）案例名称："双千兆"网络赋能广西柳工集团有限公司智能制造工业互联网平台千万级商用项目

1. 案例背景

柳州市是我国西南工业重镇和广西重要的工业城市，是中国五大汽车城之一,其工业基础雄厚,工业总产值为全自治区首屈一指。《广西"双千兆"网络协同发展行动计划(2021—2023年)》提出,要加快推动实体经济与数字经济融合发展,运用5G、云计算、大数据、物联网、AI、区块链技术,面向重型机械行业企业,创新技术方案,实现"双千兆"网络赋能智能制造工业互联网平台,与工业互联网"芯、管、端、应用"更好地端到端结合,全面支持制造工厂数字化,构建全面的工业互联网服务支撑,打造具有特定行业属性的智能制造工业互联网平台,拉动机械行业企业上云,推动工厂智能化改造,完成企业供应链的协同。

随着网络信息高速发展,企业数字化转型加快,推动全产业链融合发展。企业从自身发展、价值转型角度出发,迫切需要以现代科学技术手段促进厂区定位、管理、服务职能的转变和价值的提升。基于国家政策、市场竞争、产业合作等外部因素和企业数字化转型、集成互联、协同融合、技术创新和人才建设等内部因素的共同影响,企业亟须进行智能化、数字化转型,改变自身商业模式和运营逻辑,以实现跨越式发展。但在生产和管理模式层面,粗放式管理、传统的生产方式及供应链协同等问题仍没有得到根本性的解决,生产规模、产品研发、质量安全、生产能耗及工艺标准执行等诸多方面难以实现跨越式提升。

针对该类生产制造企业的发展需求,5G定制网+工业PON"双千兆"网络这一新型基础设施和承载底座的规划建设和数字化应用的普及,对产业制造的升级发展有着至关重要的作用和意义。

2. 解决方案

(1)技术方案

规划构建企业5G定制网+工业PON"双千兆"网络底座。通过5G、工业PON、MEC边缘云、物联网、IPv6、网络切片等技术,为企业生产设备检测、数据采集、生产控制与反馈提供深度覆盖、超大带宽、超低时延、海量吞吐及网络安全隔离的传输条件。

对"分布式云边端三体协同"的企业产业云作进一步的功能拓展和能力提升，为企业智能化生产提供数字资源底座。通过传感器、视频、定位、AI 识别、编码解析和元宇宙等技术，实现对生产全流程的环境、设备、工艺、人员及生产状况等数据的实时采集、存储、处理、反馈、仿真、展示。配合企业 ERP 系统、MES 等重要生产经营系统和自动化生产线的运行与智能化升级，为产品设计、研发、生产、仓储物流、营销、服务等全价值链实施精细管理。

整合企业内外部网络和数据资源，实现广域网络与定制网络连接、固定和移动网络融合的应用创新模式，为企业供应链上下游生产全流程的生产数据、过程数据、质量数据的采集和处理提供高性能、安全可靠、经济高效的模式，为企业初步建立基于数据的全生命周期管理体系，形成"以建促用、建用并举"的良好发展循环。

依托"5G 定制网 + 工业 PON"构建"双千兆"网络底座，融合下沉到园区的 MEC 边缘云平台能力，满足确保客户数据安全的要求，融合一张网，按需接入云，智慧一网统管，功能迭代升级，达到强管理、高性能、易维护、应用扁平化的要求。

（2）应用场景

① 仓储物流及调度应用

广西柳工集团有限公司仓储物流及调度应用具体面向内部物流、原料定位及调拨管理等方面。智能物流调度系统对产品存储和转运物流终端进行调度管理，实现全流程自动化、智能化的产品运输及配送等智能物流作业。

② 智能化远程控制工程车应用场景

在广西柳工集团有限公司研发中心园区内部及周边进行"PON+全景高清摄像头""光网络（STN光网络承载）+5G基站"建设，在核心机房部署边缘计算，完成本地端的数据处理、加密和决策，并提供实时、可靠的通信能力，为客户提供丰富的"全光网络+5G接入"业务应用。

基于"双千兆"网络的"人车分离"式的智能化远程控制工程车应用场景，如图1-8所示，可通过控制中心下达驾驶指令，远程控制工程车即刻完成启动、加速、减速等一系列动作，既节省了人力成本，又保障了人员安全，这大大降低了企业本身及其合作伙伴的人力成本，通过创新优化，实现一键智能化铲装、一键提升满斗率、一键卸料、一键找平等科技创新和技术改造。

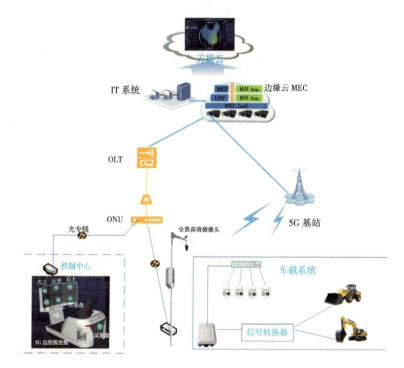

图1-8 PON+5G实现端到端低时延的智能化远程控制工程车应用场景

③ 一对多远程控制应用场景

2021年，广西柳工集团有限公司在远程智能控制单台工程车作业的基础上新开发出一个操作舱控制两种机械设备平台，方便企业实现一个控制中心对多个挖掘机和装载机的在线远程遥控管理，提高企业管理水平，提升企业工作效率。

3. 应用成效

柳州市作为广西重要的工业城市和全国首批"千兆城市"，大力实施"实业兴市，开放强柳"战略，加快构建"5+5"产业体系。基于本方案的"双千兆"网络赋能智能制造工业互联网平台将推动新兴工业产业集群的规模发展和构建智能制造的落地建设的资源保障基础，推动数字新基建支撑制造业数字化转型，打造数字经济新功能。基于本方案助力企业获得明显的应用成效。

① 为工程设备制造过程中的智能化生产控制应用提供云网络、云资源、数据安全和运维保障，解决企业在数字化设计、装备升级、工艺优化、精益生产、可视化管理、产品质量的控制与追溯、智能物流等方面的实际问题。

② 通过对企业的生产数据、过程数据、质量数据的全面整合，实现生产流程质量管控的全程监测，提供产品质量认证的溯源查询服务，确保产品品质。

③ "双千兆"网络使得企业网络接入更加简洁，抗干扰能力更强，高速网络有保障，可视化网络管理应用，彻底改善了传统网线组网方式的高耗能、不方便维护的情形，为企业的数字化转型提供了保障。

（五）案例名称：基于"双千兆"网络的小米科技有限责任公司3C智能工厂

1. 案例背景

在宏观政策层面，《"十四五"智能制造发展规划》明确了"十四五"时期我国智能制造发展指导思想、发展路径、发展目标、重点任务和保障措施等，工业和信息化部印发的《"双千兆"网络协同发展行动计划（2021—2023年）》也指出，要"开展面向不同应用场景和生产流程的'双千兆'协同创新"。在行业痛点方面，3C行业目前存在工艺智能化水平低、装备复用率低、抗干扰能力差、换线周期长，制造系统存在信息孤岛、数据要素不全和协议不通等痛点。

在项目实施方面，2021年，小米科技有限责任公司和中国电信共同参与了科学技术部国家重点研发计划，其中工业网络方向的课题由小米科技有限责任公司和中国电信联合攻关。2022年7月，小米科技有限责任公司在科学技术部和全国工商业联合会的指导下牵头成立了全国第一家创新联合体——3C智能制造创新联合体。

2. 解决方案

（1）技术方案

小米科技有限责任公司的工厂属于典型的离散制造场景，其生产流程可以划分为SMT（表面安装技术）贴片、主板测试、主板预加工、预组装、整机组装、整机测试和包装共七大工艺段。小米科技有限责任公司的工厂联合中国电信在七大工艺段构建了"工业PON+5G"的固移融合"双千兆"网络，打造数据原生工厂，实现数字化、网络化、智能化一体化融合发展。

"双千兆"网络承上启下，相当于血管，MEC则类似于工厂大脑。在装备、控制、边缘、IaaS（基础设施即服务）层面实现两个"融合"，以"工业 PON+5G"实现"固移融合"，"'双千兆'+MEC"实现"云网融合"。基于"双千兆"网络的 3C 智能工厂项目实施框架如图 1-9 所示。

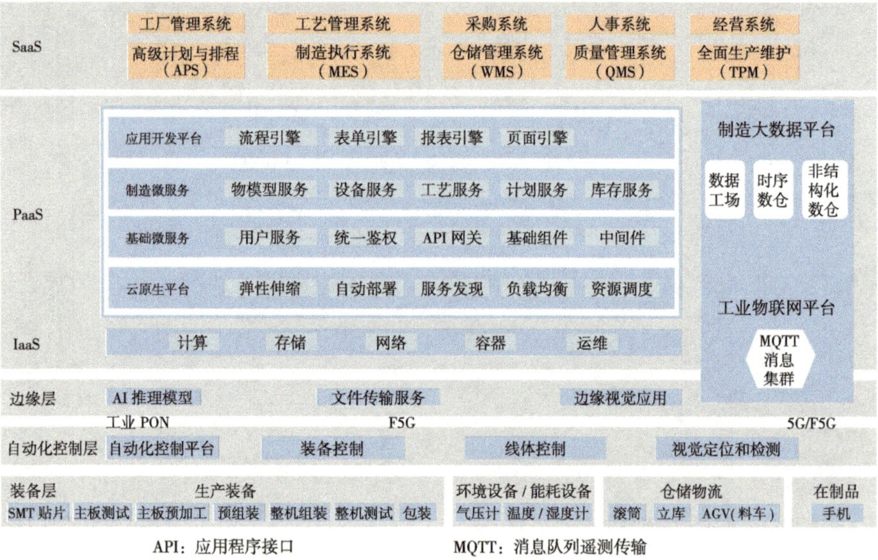

层级	内容				
SaaS	工厂管理系统	工艺管理系统	采购系统	人事系统	经营系统
	高级计划与排程（APS）	制造执行系统（MES）	仓储管理系统（WMS）	质量管理系统（QMS）	全面生产维护（TPM）
PaaS	应用开发平台：流程引擎 / 表单引擎 / 报表引擎 / 页面引擎				制造大数据平台：数据工场 / 时序数仓 / 非结构化数仓
	制造微服务：物模型服务 / 设备服务 / 工艺服务 / 计划服务 / 库存服务				
	基础微服务：用户服务 / 统一鉴权 / API 网关 / 基础组件 / 中间件				
	云原生平台：弹性伸缩 / 自动部署 / 服务发现 / 负载均衡 / 资源调度				工业物联网平台 MQTT 消息集群
IaaS	计算 / 存储 / 网络 / 容器 / 运维				
边缘层	AI 推理模型	文件传输服务		边缘视觉应用	
	工业 PON	F5G			5G/F5G
自动化控制层	自动化控制平台	装备控制	线体控制	视觉定位和检测	
装备层	生产装备：SMT 贴片 / 主板测试 / 主板加工 / 预组装 / 整机组装 / 整机测试 / 包装		环境设备/能耗设备：气压计 / 温度/湿度学	仓储物流：滚筒 / 立库 / AGV（料车）	在制品：手机

API：应用程序接口　　　　MQTT：消息队列遥测传输

图 1-9　基于"双千兆"网络的 3C 智能工厂项目实施框架

围绕海量工业异构协议数据，本项目设计了集数据采集、传输、应用于一体的网络架构，采用链路保护、数据加密、网络切片、数据分流、链路优化等关键技术，具备高速、全连接和高可靠传输能力，通过 MEC 平台构建集创新业务应用和网络能力于一体的智能数据中心，通过部分业务分流和切片传输，提升数据传输的效率和安全性。

（2）应用场景

① 工业视觉，制造周期缩短 17.5%，良品率提升 2%

工业视觉方面，采用"'双千兆'+MEC 边缘"的全新云化架构，在工厂机房中部署算力强大的 MEC 集群，装备侧通过工业 PON 接入，被测手机 eSIM 写号后通过 5G 接入，运用"双千兆"网络将数据实时传输到 MEC 中训练并进行 AI 模型训练，后将训练结果回传。该方案覆盖主板测试、整机测试工艺段，制造周期缩短17.5%，良品率提升2%，达到98%，极大地提升了产线 UPH（每小时的产出数量）。

② 整机测试，无线网络处理能力提升400%，柔性提升

整机测试装备通过工业 PON 接入，被测手机通过 5G 接入 MEC 端的整机测试系统实现测试。在整机测试的 ANT 工站的安卓性能测试、MIUI 刷机测试环节，ANT 测试装备通过工业 PON 接入，被测手机 eSIM 写号后通过5G 接入，并通过 MEC 应用进行测试；在整机测试和 MIUI 下载环节，实现网络高并发、大带宽处理，无线网络处理能力提升400%，大大提升了整机测试工艺段的柔性。

③ AGV 调度，自动化率由30% 提升至75%

小米手机生产线 AGV 主要应用于主板测试和整机测试车间，主要完成电子元器件和被测手机上下料、翻转、分拣、定位等动作，传统 Wi-Fi 有传输不稳定、易掉线等缺陷，同时无法满足 MEC 的低时延接入，AGV 采用5G 通信模块替换 Wi-Fi，可提供高稳定可靠网络，实时将数据传输到 MEC 中训练并触发控制指令，AGV 调度系统部署在 MEC 边缘云端，主板测试和整机测试装备通过工业 PON 与 AGV 系统互联，基于"双千兆"网络实现低时延交互。

3. 应用成效

本项目构建了包含6条以上全流程自动化生产线的智能化车间，综合效能（QCD）提升30% 以上，规划年产1000万台智能手机，每年新增产值600亿元，打造了基于"'双千兆'+AIoT 工业网络"规模化应用的智能化车间新模式、企业技术标准体系，实现超过2万个固移终端的全接入，以及可靠性为99.99% 的高可靠传输能力，最低1ms 低时延保障。本项目解决了

移动性、可靠性、实时性、覆盖距离等方面的不足，业务场景增加70%，数据流向增加115%，网络处理能力提升400%，并实现100%国产化。

（六）案例名称：探索基于工业PON的中小企业数字化转型创新应用

1. 案例背景

广东创兴精密制造股份有限公司的主营产品为精密钣金结构产品，多是工业设备制造的配套产品，年产值约6000万元，企业员工200人。以"非标准产品"为主，公司的产品具有"多批次、小批量、多品种"的离散型特点。仓储、物流及质量检验均以人工操作为主，人力成本高，原材料利用率低下，仓储占地空间大。

为了改变传统落后的生产方式，掌握紧随市场变化的生产技术，广东创兴精密制造股份有限公司开始启动工厂的数字化和智能化转型。为解决以上问题，需要引入"ERP+PDM（产品数据管理）+MES"，打通生产的信息孤岛，提升原材料利用率，提高人员作业效率，同时引入智能化应用，即智能仓储、移动质检、AGV智能物流及数字化看板，降低人力成本，减少仓储空间，同时提升加工效率，最终提升企业产值。

2. 解决方案

（1）技术方案

本项目采用华为的工业光网方案，提供整个制造园区内的网络解决方案，包含生产网、办公网、监控网、无线接入网。智能物流及移动质检采用华为全光Wi-Fi解决方案，通过此方案可以保障Wi-Fi6无缝覆盖整个厂区，同时采用长距光电复合缆远程供电，可以有效缩短施工周期40%。

采用华为的工业光网方案可以实现漫游切换时间小于50ms，300个用户并发在线，主干网络Type B保护。该方案还可以保障AGV的平滑运行无中断和移动质检的大带宽需求；机器互联采用工业级ONU，具有高可靠、全光组网、无辐射、抗干扰、耐高温、Type C 50ms倒换等特点，光纤到机器，可以有效地保障生产业务不中断。

针对生产网、办公网、监控网及无线接入网，本项目通过切片技术进行业务隔离，并且根据生产业务的重要程度划分不同的优先级，在多网合一的基础上有效地保障了生产网络的可靠运行。企业园区全光网架构如图1-10所示。

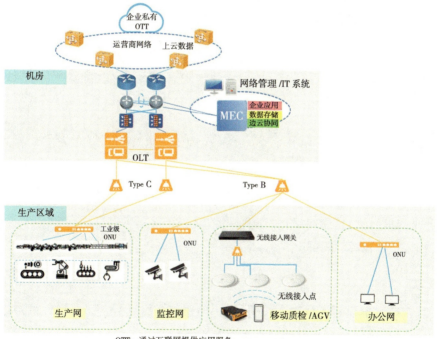

图1-10　企业园区全光网架构

(2) 应用场景

① 智能物流

物料使用AGV流转，AGV采用二维码方式，需要通过Wi-Fi全厂区覆盖，厂区面积约6000m²。AGV的Wi-Fi漫游要求漫游切换时间小于100ms，AGV接收信号强度需要大于-70dBm。Wi-Fi全厂区覆盖，同时将AGV服务器部署在车间内部，确保AGV与服务器互通。

② 车间智能化

通过自动化仓储系统，以及设备间的互联，完成自动化排产，需要采用有线接入方式保障设备互联。在车间布放机器视觉等智能化应用，全光网演进方便，减少工程施工。同时生产网络需要稳定可靠，保障智能化设备正常运行。

3. 应用成效

本项目充分利用工业互联网释放的红利，打造开放共享的数字化网络，实现生产设备、数据、技术、管理、市场等多要素全面互联，最终使工厂向数字化、智能化发展；通过佛山企帅数字科技有限公司的"MES+华为工业光网+电信天翼云"打造一体化解决方案，引导整个行业进行数字化转型。

本项目目前已经完成标杆项目建设，同时在行业内部同步推广，已在工业互联网大会完成发布，并获得佛山市政府及行业内部的高度认可，后续将会带动整个制造业进行数字化升级改造。

（七）案例名称：基于TSN（时间敏感网络）管控面协议的"工业PON+工业光总线"融合示范工厂

1. 案例背景

上海真兰仪表科技股份有限公司是我国与全球领先的计量仪表制造巨头和欧洲三大能源服务商之一的德国米诺-真兰集团合资成立的股份有限

公司，实缴注册资本2.19亿元，是国家高新技术企业、上海市企业技术中心、科技"小巨人"认定企业、国家级专精特新"小巨人"企业、上海市专利试点企业、CNAS（中国合格评定国家认可委员会）实验室。

上海真兰仪表科技股份有限公司根据目前的公司产线情况，在保持现有连续量产、运行平稳的情况下，调整公司战略布局，借助智能工厂建设的契机，不断提升、投入自动化和信息化建设。聚焦燃气仪表行业中仪表生产过程的智能化生产和网络化协同，建立了一个完善的围绕集团管理、人员培训、市场营销服务、技术研发与实验等方面的工业互联网、工业数据中心、大数据智能化应用平台，完成产线、设备、物料的联网及工业数据中心的建设，完成上海基地和芜湖基地自动化程度同等水平的提升、信息互通，实现公司ERP、生产管理、车间设备等的协同，实现全产业链的数字化建设。但随着智能制造升级，原本以工业以太网为基础的企业内网，越来越无法满足工厂的大带宽、低时延、大并发和柔性排产的需求。

2. 解决方案

（1）技术方案

本项目使用工业PON和TSN技术，通过整合OT领域的工业数据采集能力、CT（通信技术）领域的移动通信能力、IT领域的计算存储能力，形成网络、平台、安全3个维度的能力，形成整体智能化的生产工厂解决方案：以智能车间为载体，以数字化贯通全设计、制造、服务过程，以关键制造环节的智能化为核心，以网络互联作为支撑，通过先进的制造技术、智能仪表、智能物流、TSN管控面协议，实现整个生产过程的优化控制、智能调度、状态监控、质量管控，增强生产过程透明度，提高生产效率、提升产品质量，打造高端燃气仪表制造新模式。

在上海真兰仪表科技股份有限公司的工业生产网络部署车间级PON，

采用工业PON承载企业多类型业务，采用OLT切片技术，实现对不同业务的分域承载和管理，通过"双千兆"网络为5G全连接工厂提供从核心网到传输网，再到接入网的全光网。TSN与工业PON系统拼接部署，在现场终端设备侧安装了TSN I/O模块，实现控制信号的高质量、确定性时延传输。通过PON的"ONU+OLT"将终端处理信息汇聚传输到核心机房，通过一台TSN网桥交换机实现各终端设备协同信号高精度同步传输；一台TSN网关设备将TSN和非TSN打通。本项目为了解决不同ONU之间业务队列和等待的问题，采用了CO-DBA（协同动态带宽分配）技术来实现"PON+TSN"功能的整合。图1-11为TSN工业光总线组网示意图。

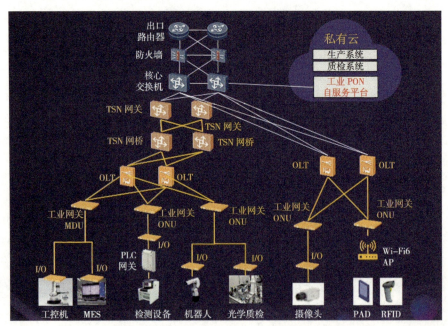

图1-11　TSN工业光总线组网示意图

（2）应用场景

① 工厂千兆光网覆盖，双网融合

经过工业光网及TSN技术的改造，有线网络的时延、稳定性达到工业现场要求，实现生产网和信息网的双网融合互通。以工业光网为核心及基础部署工厂网络，向上对接工厂云平台实现网络设备自动配置和业务快速部署，提升产线效率，减少人力成本投入。

② 工厂网络安全保障系统

实现人、机、物、系统的可控接入和行为审计，保证工厂的设备安全、网络安全、控制安全、应用安全和数据安全。

3. 应用成效

基于 TSN 管控面协议的"工业 PON+ 工业光总线"融合示范工厂，融合先进的云计算、大数据、物联网、通信协议和管理技术，使一个个单独的智能化子系统通过有效的方式实现系统集成，形成一个能够在互联互通中实现子系统优势互补、协同作用的生产制造平台。

相较于项目实施前水平，预估到项目验收当年的年底，可以实现产能增加400万套，营业收入增加1.05亿元，带动产业链上下游信息基础设施投入3000万元，超过120台机器人实现远程机器控制，超过30万台仪表实现设备实时监控，单日超过2万套产品实现实时检测覆盖，单日超过200个订单利用厂内无人物流。

第二章
智慧医疗

一、行业背景

（一）行业基本情况

智慧医疗是医疗信息化最新发展阶段的产物，是千兆光网、5G、云计算、大数据、AR/VR、AI等技术与医疗行业进行深度融合的结果，是互联网医疗的演进方向。根据我国国家标准《国民经济行业分类》（GB/T 4754—2017），智慧医疗属于卫生门类，包括医院、基层医疗卫生服务、专业公共卫生服务等。医疗是每个人的刚性需求，也是国家重要的民生领域，医疗服务质量的好坏直接影响居民的生活幸福指数。智慧医疗系统为患者就医带来了极大的方便，以强大算力为基础的智能技术、云计算等先进技术，正在推动医疗行业日新月异的发展，为医疗产业的各个方面带来了巨大的变化，提升了人民群众的幸福感。

当前，智慧医疗包括远程诊断、远程手术、远程示教等多种形态，使用远程通信技术、全息影像技术、新电子技术和计算机多媒体技术，发挥大型医学中心的医疗技术和设备优势，为医疗卫生条件较差的环境及特殊的环境远距离提供医学信息和服务。远程诊断和远程手术可以极大地缩短运送病人的时间和降低成本，大幅度提升病人救治效率。另外，可以实现全国医疗资源共享，缩小数字鸿沟。远程示教可以为偏远地区的医务人员提供更好的医学教育，为全国医疗水平的提升奠定坚实基础。

（二）行业需求

近年来，国内公共医疗资源不均衡、偏远地区医疗水平较差等问题困扰着大众民生。以"效率较低的医疗体系、质量欠佳的医疗服务、看病难且贵的就医现状"为代表的医疗问题是社会关注的主要焦点。大医院人满为患、社区医院无人问津、病人就诊手续烦琐等问题是医疗体系未能达到足够高的信息化、数字化、智能化水平等导致的，这些问题已经成为影响社会和谐发展的重要因素。

近年来，多地发布关于医药卫生体制改革相关政策文件，提出建立信息化、智能化医疗平台，积极发展面向农村和边远地区的远程医疗体系，致力于解决我国医疗资源分布不均衡等问题。大力推动智慧医疗体系建设，包括智慧医疗信息网络平台建设，可以使患者用较短的等疗时间、仅支付基本医疗费用，就享受到安全、便利、优质的诊疗服务。同时，建立系统化、数字化的电子健康档案，存储在云端，便于以后的医疗诊断。另外，建立远程医疗体系，发展无接触式诊疗，既可为患者节省救治时间，又可保障医疗团队的生命安全。开展远程示教医疗体系建设，打造远程示教的网络及运行环境，将会进一步提升全国整体医疗水平。

（三）千兆光网解决行业痛点

智慧医疗体系集千兆光网、云计算、AI、图形信号处理技术、医疗物联网等新兴技术于一体，将与各种系统有机结合并进行统筹设计，切实提升诊疗效率和安全，为整个手术提供更加高效、安全、便利的管理和运营环境。千兆光网具备大带宽、低时延、稳定等技术特性，解决了医疗区信息点爆发式增长问题，助力远程生命体征监测数据的快速、准确采集及稳定传输等，缩短了病人救治时间。以"双千兆"医疗专网为基座，通过全光网整合相关临床信息资源、医疗设备信息采集、手术临床业务管理，实现了对整个系统的管理及过程控制，打造统一的数字化手术协同工作平台和全面复现手术过程的360°手术电子病历。基于OTN（光传送网）专网实现各级信息数据共享交互，以医院为中心，省外、市/区的两级业务联动，保障各级信息数据共享交互能力，为各级远程医疗协同平台业务应用奠定坚实基础。

（四）千兆光网行业规模化应用分析与总结

当前，千兆光网与云计算、大数据、AI等深度融合，深刻地改变了医疗体系发展模式，进一步推进了千兆光网在医疗健康领域的不断普及。全光网基础设施建设已成为医院数字化转型的基石，千兆光网结合新型信息技术为数字化、一体化医疗平台构建，医学影像数据传输，医疗数据上云，远程医学会诊，远程手术，远程医疗教学等各类应用场景提供技术支撑且已取得初步成效，这些应用可复制推广、快速部署。

千兆光网赋能智慧医疗，在创新应用方面虽已取得初步成效，但在全国大力部署、成熟应用方面仍面临较大的挑战，主要体现在以下三个方面，一是医院网络基础设施的全光网改造升级，部署大带宽、低时延、高可靠的OTN，解决医疗大数据高效率传输等问题；二是医院在手术质量管理和优质手术资源共享方面存在诸多痛点，面向医院定制的一体化大规模、统一质控手术系统，打造数字化、信息化统一医疗体系，建设信息化、数字化、智能化医疗平台，形成高效、合理的资源共享机制是解决痛点的关键；三是注重与AI、边缘计算、物联网等新兴技术的融合发展，为医疗诊断的准确性、医疗数据的可靠存储、远程医疗的高效性、远程手术的稳定性与精准性等提供保障。

二、案例介绍

（一）案例名称：立足"双区"，构建"双千兆"+智慧医疗健康服务平台

1. 案例背景

随着《粤港澳大湾区发展规划纲要》的逐步推进和落实，北京大学深圳医院地处香港通关的福田口岸，与皇岗口岸相邻，是一所可直接承接香港居民医疗业务的三甲医院，面临着香港大量居民医疗转移的需求。为此，医院定位立足"双区"发展，开展智慧医院试点工作，通过新一代信息技术赋能医疗，在现有医护人员的基础上，通过智能化医疗辅助设备，提升医护效能，提高医疗产出，加快病患流转，以及通过医疗大数据、AI等技术，优化医院管理资源，提升管理水平。

为了满足人民群众日益增长的医疗卫生健康需求和面向远程医疗、医疗信息共享等需求，智慧医院建设能够解决过去医院存在的患者就医等待时间长、满意度不高、工作效率有待优化和医疗质量与安全有待进一步提高等问题。医疗行业未来将受益于"双千兆"网络的技术优势，将大数据、AI、云计算等新一代信息技术手段应用在医院管理、智能终端、大数据辅助诊治、教育教学等多个领域，提升患者就医体验，协助医务人员更好地完成工作任务，并承担起整合优质医疗资源，缓解我国医疗资源总量不足、资源配置不

均衡的问题，促进优质医疗资源下沉的重要任务。本项目以智慧医院为抓手，以健康管理和智慧护理为切入点，积极探索研究"双千兆"+远程医疗创新应用，以期达到方便医务人员、方便患者、提高医疗安全、提升医院公共服务水平的目的，这正契合价值医疗所提倡的理念：控制相对的成本，同时努力提高医疗服务的可及性、医疗效果和病人的满意度。

2. 解决方案

（1）技术方案

本项目将千兆光网、Wi-Fi6、5G行业专网、医疗物联网融合部署，按照医疗行业设备或应用互联互通的网络性能需求，在医院场景下选择最优的网络接入方式，固移融合"双千兆"医院网络架构如图2-1所示。

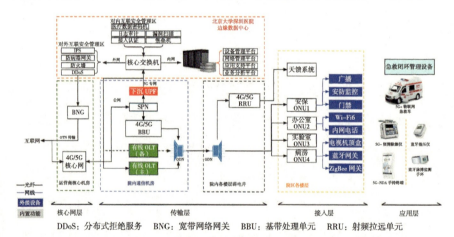

图2-1　固移融合"双千兆"医院网络架构

千兆全光院内网利用一根光纤能承载各种业务的能力，构建了院内千兆光纤固网、千兆无线Wi-Fi6的局域网及医疗物联网（BLE、ZigBee、RFID），包括信息化的语音、数据、视频业务，分别对应集群语音、有线电视、院内广播，以及医疗影像、移动查房、穿戴式病人监护仪、智慧门诊及院内资产定位管理、医疗废弃物监测等应用，是闭环管理业务应用的主要承载网络。

（2）应用场景

① 远程诊疗安全闭环管理

远程会诊业务流程示意如图2-2所示，通过在网络边缘云上搭建的会诊平台，以会诊患者全景诊疗信息为核心，通过"双千兆"网络实现医院与医院、医院与科室、科室与科室、科室与专家之间的远程会诊协作，进行基于客观数据的跨科室、跨医院乃至跨区域的远程病历讨论和会诊。同时可实现通过院内医疗物联网，采集病患体征数据实时传输，使受邀会诊的医院第一时间掌握患者病情，进行实时指导。

图2-2 远程会诊业务流程示意

② 用药安全闭环管理

院内基于千兆光纤网络构建的"Wi-Fi6+医疗物联网"相互协同，通过边缘云端部署的自动化静脉药物配置中心（PIVAs），为配液机器人、智能药物调配系统、智能药柜、分布式24h自助药房（病区）、小型智能配药机器人、移动护理终端、智能输液监测系统提供不同业务、不同网络的协同，实现从医嘱下达、摆药配药、用药执行到用药结束的全流程自动监控、自动配送及信息可追溯，如图2-3所示。

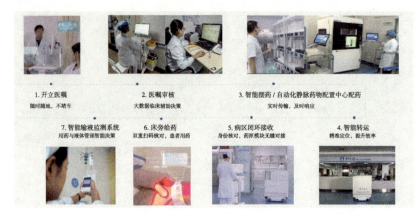

图2-3 用药安全闭环管理流程

③ 远程健康服务闭环管理

利用千兆光纤固网、5G行业专网等大带宽、低时延网络持续远程互动支持社康医院、医共体、驻企医务室等跨区域诊疗需求，必要时开展多学科会诊，让更多的人群便捷、高效地获得院内优质的医疗资源，提高整体区域的健康管理质量，从而提升该区域的优质医疗资源可及性。

3. 应用成效

本项目在边缘云端部署智慧健康大数据平台和智慧病区交互平台，以"双千兆"为代表的新一代信息基础建设为承载，利用"千兆光网+Wi-Fi6+5G行业专网+医疗物联网"的融合多网，贯穿远程诊疗安全环、用药安全环、远程健康服务环等医疗业务闭环管理，形成智慧医疗新模式。

（二）案例名称：千兆光网赋能南通大学附属医院新一代智慧手术室

1. 案例背景

随着信息技术和现代医学的快速发展，医院信息化程度越来越高，越来越多的医院实现了患者信息的数字化管理。新一代智慧手术室集光纤通信网络技术、边缘计算、自动控制技术、图形信号处理技术、综合布线技术等信息与通信技术于一体，将与手术过程有关的各种系统有机结合并进行统筹设计，使医生能够实时获得大量与患者相关的重要信息，便于医生操作，提高效率和安全性，为整个手术提供更加高效、舒适、安全、便利的管理和运营环境。

超高清手术视频示教、手术直播、手术指导和手术数据交互等功能是新一代智慧手术室建设中非常重要的一环。在目前手术室的数字化建设中，多以院内基础网络来传输视频图像，实现直播互动教学等功能，存在前期投入成本高、运营维护困难等问题。同时南通大学附属医院原有院内有线网络与本次远程手术教学点、手术直播点的配套也存在不足。

2. 解决方案

（1）技术方案

本项目借助医院原有的数字化手术室建设基础，充分发掘光纤网络与智慧手术室的技术特性融合应用需求。

新一代智慧手术室重点以患者为中心，以围术期为主线，通过整合相关临床信息系统［HIS（医院信息系统）、EMR（电子病例）、LIS（实验室信息管理系统）、PACS（影像存储与传输系统）、RIS（放射信息系统）、UIS（超声信息系统）、病理等］资源、医疗设备（麻醉机、呼吸机、监护仪、输液泵等）的信息采集、手术临床业务整合、手术教学、手术物资追溯管理，规范围术期工作流程，提高医疗服务质量，实现对整个围术期的管理及过程控制，为用户打造统一的协同工作平台。

本项目针对医院建设"双千兆"智慧医疗专网进行全面建设，基于目前院内的实际应用环境，将性能需求与"双千兆"固移融合网络进行了多方面的适配性设计。

● 超大带宽传输:全光交换网络满足超高清视频传输需求,充分满足医院的超高清手术示教与手术直播图像要求。

● 医疗专用显示:全光交换网络原生硬管道的性能与带宽利用率无关,传输0丢包,实现医疗专用显示器上的高灰度、高色域还原。

● 术者操作便利:全光交换网络实现传输一跳直达,数据从大带宽矩阵直接流转,手术医生操作无卡顿,便捷流畅。

● 无损还原图像:全光交换网络适配4K腔镜和8K内窥镜的传输接口,手术医生可获得术中无损图像。

在进行了"双千兆"+5G网络基础上的智慧医院体系升级后,医疗专网网关实现固移融合专网接入和院间互联、广域互联,院内构建千兆光网超级站点如图2-4所示。依托全光医院改造,院内互联万兆大带宽,带宽无瓶颈,本项目采用的OTN具备大带宽、低时延、易扩容的技术特性,解决了医疗区信息点爆发式增长的问题,助力智慧医院应用。

图2-4 院内构建千兆光网超级站点

本项目围绕"1张网2平台N应用"建设智慧手术诊疗体系,依托

"双千兆"固移融合网络,形成智慧手术管理和智慧示教管理双平台,通过"N个闭环应用",实现区域协同救治和全围术期管理。

(2)应用场景

① 智慧手术室

智慧手术室设备通过全光网与院内的 HIS、PACS、LIS、EMR 等信息系统完成对接,并借助高度集成的一体化核心设备,实现光纤、5G 多类型连接方式的互联互通,打造统一的光纤一体化手术协同工作平台和全面复现手术过程的 360° 手术电子病历。光纤一体化手术管理示意如图 2-5 所示。

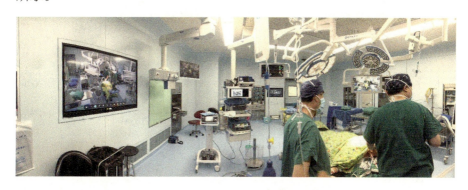

图 2-5 光纤一体化手术管理示意

② 基于光网与 PACS 结合

本项目通过 PACS 获取患者信息、诊断报告,查看患者的影像信息,实现多人多地实时远程会诊和术前规划,实现实时远程手术指导,如图 2-6 所示。

③ 8K+XR(扩展现实)手术会诊及示教应用

本项目将患者的基本信息、确诊信

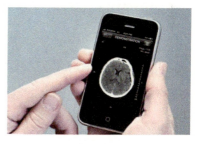

图 2-6 移动工作站及手机阅片

息及监测数据实时叠加在超高清的视频上，使得术中医生、远程介入专家和观摩的学生获得沉浸式的体验，如图2-7所示。

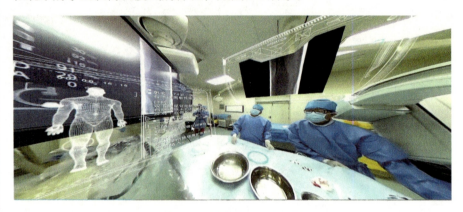

图2-7 远程手术会诊应用

④高清医疗影像采集回传

本项目满足全景摄像机、术野摄像机、内镜、监护仪、CT（计算机断层扫描）等各种医疗影像设备信号的同步采集，同时实现视频截图及手术录像，支持多路影像同步存储。

3. 应用成效

基于全光网+XR技术与手术示教方案进行深度融合，实现智慧示教功能，使优质手术资源得到充分下沉与共享。在成果创新方面，创新建设质控平台及360°手术电子病历，实现与院内HIS等多信息系统对接，高效共享手术、患者信息；在降本增效方面，摒弃了进口厂家的复杂数据转场设备，在保持核心技术超国际一流水平的同时大幅降低单个净化手术室成本，建设成本可降低50%以上；在赋能管理方面，基于手术室设备应用数据全量采集与分析，反向管理医护人员工作状态，基于质控平台，提高手术管理及术后随访能力。

(三)案例名称:基于"双千兆"的浙江大学医学院附属第一医院云网融合智慧医疗示范项目

1. 案例背景

进入21世纪以来,人类面临着SARS、MERS、埃博拉等病毒的威胁,如果这类突发的传染性疾病处理不当,就会在短时间内对社会经济发展、人民群众生命健康安全造成威胁。跨区域医疗系统之间数据传输的数据量受限、安全性不高、实时性不强等问题,严重影响了医疗系统的数字化转型进程。远程医疗、医疗数据分析等需求均难以满足。

本项目以浙江大学医学院附属第一医院整体医疗基础信息化为建设场景,基于杭州移动"千兆光网+5G"的"双千兆"网络基础能力,依托"线下双活专有云+线上公有云+5G边缘云"的混合云基础资源支撑,建设全新的、基于"微服务+中台"技术的具备区域医疗辐射能力的医护一体化信息系统平台,从而解决区域医疗行业通信痛点,打造"'双千兆'光网通信+云计算+AI"多技术创新、院内外多平台融合的智慧医疗示范项目。

2. 解决方案

(1)技术方案

本项目将建设一张基于中国移动"双千兆"网络基础能力的医疗信息专网。如图2-8所示,OTN、10Gbit/s GPON、SPN等智能光网技术的综合应用,使浙江大学医学院附属第一医院集团内部多院区内网实现了互联互通,提供了更加灵活、安全、强大的终端通信接入能力。同时,通过探索5G技术与医疗信息化建设融合,建成基于云平台架构的医疗平台系统,将优质医疗资源与服务能力,推广覆盖至包括托管医院、医联体单位、外部协作医院等的"省-市-县-乡-村"五级医疗机构,构建面向公共卫生突发事件的5G智慧医疗服务专网。

图2-8　浙江大学医学院附属第一医院"双千兆"网络架构

（2）应用场景

① 重症医疗设备数据自动采集平台

浙江大学医学院附属第一医院探索性尝试以院区为单位，采用"服务器＋中央站＋监护仪"架构，完成跨院区分布式采集数据与集中式存储数据，并以医疗设备专网形态与医院业务网安全融合，数据层以服务调用形式与医院HIS互联互通，最终实现深度信息化业务应用，实现患者生命体征数据护理评估单自动定时导入，医生实时调阅电子病历、查看患者生命体征变化趋势，医生可利用院外5G专网使用手机实时监控、查看高级电子病历等功能。尤其是院外手机端提供的实时查看功能，让专家可以远程会诊、远程监护患者生命体征，极大地提高了危重症患者的救治效率。

② 区域急救120指挥调度平台

打造5G智慧医疗服务专网，基于院外接入方案（广域网）："QoS or RB预留＋FlexE＋切片"技术，满足医院高优先级和业务隔离需求。通过对院内救护车进行改造，搭载"一体化"5G视频会议终端、具有5G传输功能的医疗监控设备等，做到患者上车后就能采集数据，院内专家同步指导，同时随车医生可以直接将患者情况录入车上的院前急救电子病历，实现"急救车监控+医疗数据实时回传"，做到"上车即入院"。

③AI辅助诊断深度应用

浙江大学医学院附属第一医院放射科通过深度学习等AI技术方法，对CT/MRI（磁共振成像）等多模态医疗影像进行识别、分割、检测等，得出病灶的位置、大小、属性等信息，为基层医生提供诊断辅助，帮助基层医生快速、正确地判断影像读片信息，并与远程MDT（多学科诊疗）系统对接，实现远程影像智能读片，如图2-9所示。

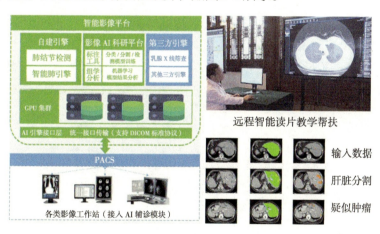

图2-9 影像智能肿瘤早期筛查诊断系统平台

3. 应用成效

项目应用成效主要包括三个方面。

一是大幅提升患者满意度。采用全新业务流程设计的新型系统，全面整合数据，优化就诊流程，减少患者往返奔波，缩短患者就医等候时间，让患者就医更便捷；提供丰富的健康资讯，提升患者的自我健康管理能力和认知水平。

二是提升诊疗水平和科研能力。提供即时诊疗数据支持和诊疗知识库支持，辅助诊疗决策；提供诊疗数据统计分析，提升科研能力，从而能够提升医生和护士的业务水平。

三是提升综合运营能力。通过对预算、消耗、成本、绩效的管理和控制，提高管理者对医院整体运营的掌控能力，从而进一步提升医院的管理水平。

（四）案例名称：千兆光网+多技术融合创新赋能智慧医院转型

1. 案例背景

随着智慧医院飞速发展、区域医疗快速推进，国家对卫生医疗信息化建设的投入大幅增加，为"双千兆"光网创造了发展环境，带来重大发展机遇。山东大学齐鲁医院是国家卫生健康委属（管）医院、教育部直属重点大学山东大学的直属附属医院，坚持"两地三院区"的战略发展格局，实行多院区、多学科一体化发展，打造整体化优势，连续11年在复旦版中国医院排行榜上居山东省第一名。

然而，山东大学齐鲁医院现有的网络基础设施难以支撑日益增长的门急诊服务量、手术量及前沿应用。在网络层面，院内信息点速率不足，带宽大于1000Mbit/s的信息点只有5%，还有2%的信息点速率只达10Mbit/s；综合布线老化，多数楼宇的布线寿命接近20年；设备时常出现故障、维护困难，网络设备集中放置在弱电间，时常掉电，引起网络故障；信息点扩容难，相对较新楼宇也存在信息点不足和扩容困难等问题，亟待解决。在应用层面，无法满足新业务接入需求，海量终端（如自助机、体征监测仪等)私接私拉,走线复杂;难以支撑海量数据传输,医院系统上云后,南北大通量数据(尤其影像)传输需要大带宽、低时延的网络;缺少强大的算力承载基础,"新型算力医院"的网络AI辅助治疗、手术示教、远程手术、三维重建等多场景亟须强有力的算力底座。

2. 解决方案

(1)技术方案

面对山东大学齐鲁医院的各种应用场景,要建设"三位一体"的智慧医院信息系统及深度融合各项业务、数据、新技术的数字化平台,然而传统网络的多层网络架构带来了更大的网络时延,网络部署也随之变得更加复杂,所以在此趋势下医院迫切需要适应数据融合、架构简单、支持快速部署的网络基础设施。

综上所述,本项目采用全光网络覆盖模式。院区整体网络拓扑如图2-10所示,在山东大学齐鲁医院两个核心机房部署互为主备的OLT,在OLT与ONU之间采用无源的ODN进行连接,提供大带宽、高可靠的全光网络,覆盖医院各临床科室的门诊区域和病房区域、行政区域、影像中心等诸多场所。OLT对ONU侧传输过来的信息进行转换/汇聚后送到内网核心交换机,内网核心交换机连接到数据中心机房的各种服务器(包括各种应用服务器、存储服务器、管理服务器等)上,实现内网各种终端的接入认证、准入控制,实现各种业务数据的存储和调用。内网核心交换机也可通过内网防火墙和出口路由器连接卫生健康委员会、医疗保障局和疾病预防控制中心等主管部门。根据具体的应用场景,选用不同的PON技术。在病房区域、行政区域,采用G-PON技术;在要求大带宽的影像中心,可选择上下行对称的XGS-PON,提供上下行对称的10Gbit/s带宽,满足CT机等医学影像设备的影像数据传输,保障南北大通量数据的实时传输。

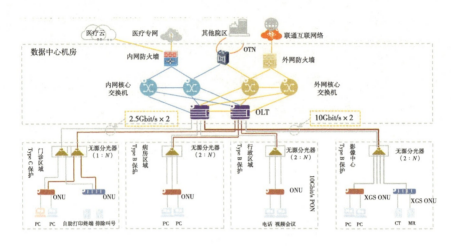

图2-10 院区整体网络拓扑

(2)应用场景

①挂号、收费、药房窗口

光纤到药房部署场景如图2-11所示。

图2-11 光纤到药房部署场景

数据业务(如PC、打印机等)、语音业务(IP电话、传统电话)、组播/广播业务(IPTV、信息发布系统、排队叫号系统等)接入信息点位数量平均为每个窗口4~8个点位。

②高流量场景(阅片室等)

海量接入光模块长距离无源覆盖,对称10Gbit/s PON灵活演进。省掉光端机,减少故障源,Type B保护防止出现链路故障,保障影像实时传输。

③病房区域

光电复合缆与5G、Wi-Fi6入室,更加稳定安全。光电复合缆入室,远程集中供电更加稳定可靠、安全,光电复合缆供电距离可达200m以上。Wi-Fi6 ONU匹配病房全应用场景。ONT(光网络终端)Wi-Fi统一配置管理，支持信道自适应调节。预连接 ODN，全程无须熔接，简单易施工。

④ 前沿应用

在更前沿的业务领域，如影像联盟远程教研系统等，千兆光网在山东大学齐鲁医院与多种前沿技术实现深度融合，提升了医护工作效率和医院运营管理效率，减少了 IT 基础设施投资、降低了 IT 运维成本、改善了患者就医体验。

3. 应用成效

项目建设完成后，医院实时跟踪了医院关键指标的变化，所有信息点均实现了千兆到桌面，设备故障率及综合能耗都降低了 30% 左右，减轻了 50% 的运维工作量。同时显著缩短了影像调阅时间，30 张以上的 DICOM（医学数字成像和通信）文件的调阅时间从 15s 以上缩短至 5s 以内，且全光网使用寿命可达 30 年，避免了重复投资。

对项目建设前后的各项关键指标进行综合对比后，可以看到千兆光网具有以下几点优势：一是节省空间，光纤部署节省了 80% 的空间；二是高速率，速率可达万兆级别；三是高可靠，端到端保护确保业务"0"中断；四是易运维，"即插即用"业务开通和扩容更方便；五是长距离，无源网络广覆盖告别"100m"硬伤。

（五）案例名称：基于千兆专线组网的青海省远程医疗业务协同平台

1. 案例背景

自然条件及资源分布情况影响医疗卫生服务的高效开展。青海省地广人稀，交通不便，基础医疗服务能力较差。看病难、看病贵是当前普遍存在的问题。各医疗机构信息相对闭塞，对转诊患者的病情无法快速掌握。在偏远地区，医院医生对重症患者的救治可能会出现一些困难。再加上青海省地域广阔，转院治疗的时间成本极高，需要专家级的治疗指导。远程诊疗的开展也是落实国家分级诊疗政策的一个有效抓手。目前，青海省全省各个医院之间的网络联通还仅限于普通的卫生专网，传输速率较低，时延较高。网络现状不能满足远程医疗工作的正常开展。

2. 解决方案

（1）技术方案

青海省远程医疗业务协同平台建设基于一个中心、双向协同。以青海省远程医疗协同平台为中心实现纵向辐射国家平台及各州市级医疗机构，打通从市/区级到省外的业务远程医疗服务体系，形成自上而下的远程医疗服务能力。通过以青海省人民医院为中心，联动省外、市/区的两级业务。基于区域内OTN专网实现各级信息数据共享交互。同时平台承载在天翼云上，具有高可靠性、高安全性，且运维保障高效。

平台承载在天翼云上打通了各级医疗机构业务系统之间的联系，通过医疗机构业务系统的互联互通，病案及影像（包括放射、超声、病理、心电等）数据共享存储，实现青海省优质医疗资源的共享协同，项目技术应用方案如图2-12所示。增加云堤、防火墙等安全产品，保障平台安全运行。区域OTN全光网建设，以其超低时延，让远程影像"即点即开"，有效提升阅片效率。青海省人民医院的诊疗资源及能力得到下沉，解决区域医疗资源分布不均衡的问题。

100Gbit/s大带宽网络资源为"两地三中心"提供端到端的高品质业务通道。以千兆光网、VPN（虚拟专用网络）等技术灵活接入医疗信息化网，因地制宜地以混合组网方式实现全网总体管控。卫生专网、远程医疗专网

图2-12 项目技术应用方案

一张网，远程医疗服务站点采用省、市、县、乡镇、村五级架构进行建设，医疗服务延伸到最末端。系统间的互通，通过OTN产品低时延、大带宽的优势与"国家远程医疗中心"、其他省级远程医疗平台直接互通。同时，与区域内的人口信息平台及急救系统等进行对接，实现数据的共享交互。

（2）应用场景

青海电信联合青海省人民医院，借助青海省人民医院省内"龙头"地位、中国电信的广覆盖网络及医疗信息化业内顶尖厂商成熟产品，打造青海省首个省级远程会诊平台。同时根据地区差异因地制宜，将普通卫生专网升级为混合组网，实现全程可管、可控。

3. 应用成效

青海省级远程会诊中心覆盖了全省近600万人口，二期项目接入247家医院，预计日会诊量突破200例，这样一种省内就医新模式也得到了青海省卫生健康委员会和青海省各医院医生的认可。一期项目签约额为172万元，依托卫生专网和成熟平台可实现项目的快速复制，预计在省内8家专科医院建立专科远程医疗业务协同平台的市场空间可达1200万元。

远程会诊应用极大地带动了青海省医疗水平能力的提升，实现远程影像会诊等智慧化部署，实现区域医疗数据的互联互通，最终实现惠民惠医，提升全省医疗服务水平。

（六）案例名称：柳州市柳铁中心医院"双千兆"智慧云上远程诊疗平台项目

1. 案例背景

柳州市柳铁中心医院是一所综合性国家三级甲等医院，在桂中地区具备优质的专家资源和影响力。2020年9月，该医院和中国电信双方签订了"千兆网络＋智慧医疗"战略合作协议，双方发挥各自产业优势，共同探索"双千兆"技术在医疗领域的更高价值和更多应用场景。

为响应国家发展"互联网＋医疗健康"政策需求，落实分级诊疗落地要求，缓解医疗资源分布不均问题，提升医联体医院的医疗信息化水平。本项目通过建设一张网、一个医疗平台和多个千兆应用场景，以"双千兆"网络为载体，打造"双千兆"智慧云上远程诊疗平台，满足"双千兆"+远程临床会诊、"双千兆"+远程影像会诊、"双千兆"+远程心电会诊、"双千兆"+AR/VR示教、"双千兆"+手术指导与示教、"双千兆"+双向转诊等应用需求，实现低时延、高安全性、高可靠性的网络连接和大带宽的业务体验。

2. 解决方案

（1）技术方案

通过建立"双千兆"智慧云上远程诊疗平台，以柳州市柳铁中心医院作为"双千兆"+高端会诊中心,为下级医疗机构提供远程会诊服务。建立相应的远程会诊管理规范,规范会诊及协同业务流程,医疗卫生机构分工协作机制基本形成。市级医院的优质医疗资源有序、有效下沉,实现对下级医院的支持帮扶,优化医疗资源的合理配置,缓解基层群众看病难、看病贵的问题,提升基层医院的诊疗水平。

中国电信联合柳州市柳铁中心医院打造"双千兆"组网整体方案,如图2-13所示。项目通过多种感知终端接入、采集数据,采用"设备+网络+平台"的形式保障了传输安全,以OTN+PON+5G千兆接入云端,使用远程诊疗平台进行数据分析和区域共享,最终实现远程多场景诊疗和示教,为患者提供个性化服务。

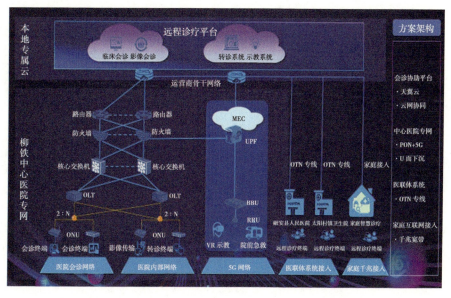

图2-13 柳州市柳铁中心医院"双千兆"组网整体方案

院外以OTN组建跨域专网,院内以PON为主、5G网络协同,为医院提供信息化云网底座。院内PON全光网络采用极简二层架构,支持10Gbit/s带宽、超低时延;医疗专网统一数据规划、统一运维管理,全面助力医联体分级诊疗业务的开展。

（2）应用场景

① 千兆家庭宽带，方便患者居家进行健康管理

老年慢性病患者可通过健康管理App，实时查询中医健康报告和调养方案，预约家庭医生上门护理；医生可以在线监测患者体征数据和治疗效果，通过家庭千兆网络实现会诊，形成个性化的治疗方案。

② 医联体千兆专网，赋能基层医疗机构

通过千兆光网，医院之间可实时传输超清视频、图片，大幅提升远程诊疗的效率，如远程会诊效率提升30%，影像诊断传输效率提高50%，真正实现让信息数据"多跑"，让患者和医疗工作者少跑。

③ "双千兆"大带宽，为医教行业带来新动能

"双千兆"大带宽，为医教行业带来新动能。基于MR（混合现实）术前规划、智能AR眼镜，以手术医生第一视角开展远程示教，基于VR三维建模，实现教学零距离，让医学生身临其境。2020年12月，柳州市柳铁中心医院实施了全区首例"双千兆"+4K腹腔镜高清手术直播。

3. 应用成效

柳州市柳铁中心医院"双千兆"项目为医院带来了切实的改变。"双千兆"+远程临床会诊效率提升30%；"双千兆"+远程影像传输时间缩短50%；"双千兆"+远程心电会诊效率提升30%；"双千兆"+AR/VR示教覆盖300人次，双向转诊500余次；"双千兆"+手术指导与示教培训3000人次。以云网为基础，远程诊疗平台融合云计算、大数据、物联网等技术，让信息数据"多跑"，让患者和医疗工作者少跑，实现医疗卫生领域信息化发展新突破。柳州市柳铁中心医院"双千兆"智慧云上远程诊疗平台项目案例在2022年9月获得2022年首届"光华杯"全国总决赛

二等奖、2022年首届"光华杯"复赛江苏赛区三等奖等荣誉，项目建设成果得到行业内外专家的一致好评。

（七）案例名称：云光融合建设首个智慧协同医疗集团

1. 案例背景

中山大学附属第三医院（以下简称"中山三院"）始建于1971年，是国家卫生和计划生育委员会直管的综合性三级甲等医院。经过50多年的发展，中山三院成为拥有6000张床位、日均门诊20000人的研究型三级甲等医院，是广东最大、服务范围最广的医疗集团。

随着业务发展，中山三院的不同院区存在着医疗产业发展不平衡、医疗资源分配不合理的现状。鉴于上述背景，中山三院亟须构建一个覆盖"三城四院"、西藏察雅县人民医院和中山大学附属喀什医院的智慧医疗服务体系，实现患者生命体征数据的实时采集及中央监护，实现信息的互联互通、数据的高速共享，满足各科室医生、指挥中心之间的实时会诊和指挥调度需求。一方面最大程度地共享有限的医疗资源；另一方面极大地提高医生、医护人员的工作效率，助力医院实现对患者的智慧医疗，从而实现中山三院"三城四院"、西藏察雅县人民医院和中山大学附属喀什医院的数据整合、信息共享、业务系统高度集成的重症协同体系，为精准治疗、临床科研、精细化管理提供支撑。

2. 解决方案

（1）技术方案

如图2-14所示，在中山三院的网络架构上，中山三院总院通过SD-OTN连接两大医疗云承载IDC（如化龙数据中心和松山湖数据中心），形成医疗云+网的架构模式，再通过MSTP（多业务传送平台）的专线与各大分院相连接，同城院区网络时延低于1ms、使用感知与院内数据中心无异，跨城院区网络时延低于10ms、跨省帮扶医院网络时延低于50ms，满足医院低时延、大带宽网络要求，建设完成后，"云上医院"连续1145天无故障。

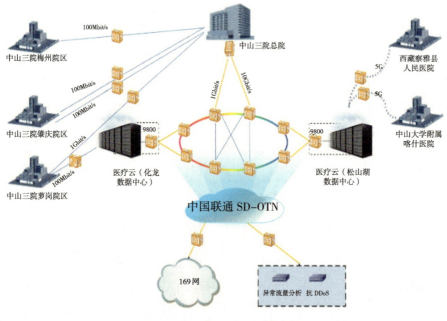

图2-14　中山三院网络拓扑图

本项目在医疗界首次采用了各医疗核心节点物理双路由、万兆直连运营商SD-OTN核心层，实现节点间毫秒级超低时延互联，一跳入云，网络可靠性高达99.99%，完全满足医疗分秒必争的场景需求。中山三院率先利用了SD-OTN动态调整的特性，结合广东联通自研智网通服务，可以一键实现网络扩容，网络拓扑、时延、流量信息实时查看。考虑到不同院区及各级医院诊疗的各类医疗终端移动性访问需求，本项目创新地采用固移融合技术，实现5G专网和SD-OTN技术的融合互通，兼顾网络接入灵活性、安全性和大带宽。本项目基于千兆光网建设远程分级诊疗系统,积极探索跨域医疗协作,致力于高质量医疗服务下沉,构建一张稳定可靠、安全高速、极简运维的医疗专用精品网,助力医疗集团服务同质化发展。

(2)应用场景

① 高质量网络,助力构建"云上医院"

中山三院共有4个院区,项目基于SD-OTN、5G等技术融合,建设10余张全光网,构建高速泛在、稳定可靠、智能敏捷、绿色低碳的医疗专网,该网连接医疗集团4个院区,建设完成后各院区之间时延低于1ms,使用感知与院内数据中心无异。同时能为西藏察雅县人民医院、中山大学附属喀什医院等帮扶医院提供远程医疗会诊服务,解决边远地区看病难、看病贵等问题,助力医疗能力辐射集团内所有机构及帮扶医院,实现多院区协同发展。

② 动态调整,助力一体化应急体系构建

2021年广州疫情突发,医疗集团各院区作为当地定点收治医院,业务量突增,其中发热门诊量上涨30%,6月服务患者4000人次、新增280张床位,定点收治确诊患者、紧急开展集团内院感防控一体化远程培训、紧急上线10多个疫情相关系统(疫苗、核酸等)。中山三院立即启动应急保障方案,通过SD-OTN的一键扩容技术,网络快速扩容40%,应对紧急突发事件,有力地保障了中山三院的抗疫工作。

③ 远程分级诊疗系统助力医疗集团服务同质化发展

中山三院为更充分地利用三级医院内的优质医疗资源,通过建立区级双向转诊平台,有效推动"小病在社区、大病进医院、康复回社区"的分级诊疗就医格局,积极发挥高级别医院在人才、技术及设备等方面的优势,科学合理利用医疗资源,同时充分利用各社区卫生服务中心的服务功能和网点资源,促使基本医疗逐步下沉社区,社区群众危重病、疑难病的救治到大中型医院,缓解居民"看病贵、看病难"的问题。

3. 应用成效

基于千兆光网的医疗专网,灵活的策略为业务实际应用场景提供了有力保障,帮助中山三院打造智慧型、数字型、精细化、集团化、科研型、服务型医院,加速了医院信息化迭代,节约了医院成本,增强了医院科研创新能力。

本项目得益于 SD-OTN、5G 等技术融合,建设的10余张全光网让中山三院的优质医疗资源、多学科的诊疗能力得以真正的下沉,满足医院立足广东、服务全国的定位,2019—2022年,中山三院面向国内外29家机构开展了远程帮扶工作。云上中山三院2021年上线至今累积访问人次2.45亿,589人次开展多学科会诊、双向转诊231人次、病理/检验/影像共享892例、远程医疗帮扶183人次、VR医学教学1890h,带动了产业上下游的发展,如图2-15所示。本项目将对医疗、通信、AI、物联网等行业的相关产业链起到巨大的推动作用。

图2-15 远程超声诊断

第三章
智慧教育

一、行业背景

（一）行业基本情况

根据我国国家标准《国民经济行业分类》（GB/T 4754—2017），智慧教育主要服务于教育大类（代码83），囊括了学前教育、初等教育、中等教育、高等教育、特殊教育及技能培训等多种类型的教育行业。教育行业是关系国计民生的基础行业，担负着全面提高国民素质、为国家各行业培养人才的重要职责，是社会高质量发展的重要保障。

随着社会数字化水平的提升，我国教育行业正从传统模式向智慧教育逐步演进。智慧教育依托云计算、物联网、下一代通信网络、高性能信息处理、智能数据挖掘等先进技术和先进的云端设备，整合亟待建设和提升的各种应用支撑系统与服务资源，构建教育信息化服务体系，并通过智能化的管理和服务环境推动建立完整的教育体系。教育部印发的《教育信息化2.0行动计划》提出，要实施"网络扶智工程攻坚行动""推进网络条件下的精准扶智。坚持'扶贫必扶智'，引导教育发达地区与教育薄弱地区通过信息化实现结对帮扶，以专递课堂、名师课堂、名校网络课堂等方式，开展联校网教、数字学校建设与应用，实现'互联网+'条件下的区域教育资源均衡配置机制，缩小区域、城乡、校际差距，缓解教育数字鸿沟问题，实现公平而有质量的教育"。

（二）行业需求

受经济发展水平、人口及城镇化等因素影响，目前我国教育还存在区域教育发展不平衡、教学手段单一的状况，在义务教育阶段，区域、城乡、校际办学条件还存在差距，尤其是小规模学校（含教学点）、寄宿制学校（乡村"两类"学校）的办学条件仍需大力改善。

部分学校已建设一定水平的信息化系统，但由于建设年份久远和系统兼容性差等，大部分系统已出现故障，无法满足教育信息化建设的要求。同时教育信息化设备更新换代速度快，目前市场上已找不到对已有系统进行维护的设备，给学校教学工作带来了极大的挑战。

高等教育阶段，部分高等院校存在住校学生人数多、教职工团队规模大、校区众多的现象，教育信息同步及安全管理工作涉及校区多、人员多，部分校园设施陈旧，校园周边情况复杂，校园管理和安全治理难度较大。

（三）千兆光网解决行业痛点

利用千兆专线、教育专有云等实施城市优质学校对农村小规模学校的帮扶教学，可实现同步共享优秀名师课堂、同步共享优质课程资源、同步开展教师备课研修，帮助乡村学生共享城市名校优质教学资源和名师课堂，帮助乡村教师优化教学方法、提高教学水平，帮助农村小规模学校解决学科专职教师缺乏、优质教学资源不足的问题。

在部分城市中，"千兆光网+VR"技术已经被逐渐应用于中小学课程、高校课程和职业培训等教育培训领域。通过VR教育内容上云，可以做到集中优质VR教育资源，实现"一点注入（云平台）、多校分发（多用户)",终端设备无须进行视频内容渲染,成本大幅降低,大幅提升了 VR 教育的可推广性。

在高等院校中采用全光接入网络部署方式,结合智能分布式 OLT 的智能化业务感知和 OLT 多边缘组网技术、品质宽带数字化平台、FTTR(光纤到房间)全光 Wi-Fi 组网技术及全光金管道技术在校园教学楼、实验楼、宿舍、食堂等校园新建楼中部署智能化全光校园网络,可以达到大带宽接入、全业务融合效果,为校园教育及管理提供强大支撑。

(四)千兆光网行业规模化应用分析与总结

数字经济的发展,离不开坚实的网络基础。随着数字经济提速发展,加速推动千兆光网和相关网络信息技术在教育行业中部署已成为业界共识和必然发展趋势。采用高品质千兆光网和多种网络信息技术搭建信息平台,实现城乡学校开展互动教学活动,对实现城乡学校教育资源的均衡发展起到促进作用。城乡学校同步互动教学支教模式的运用,发挥了网络信息技术的作用,对城乡不同学校的班级、教师和学生进行有机联系,从而优化了传统的教学模式,突破地域限制,实现了教育资源的全覆盖,进一步缩小了教师、学校、城乡间的差距。

"千兆光网 + 云 XR"的沉浸式教育模式有效解决了城乡教育发展不均衡的问题,同时助力推进国家的"双减"政策。发挥千兆光网新基建作用,推动信息技术产业及教育行业协同进步,同时降低教育成本,提高教学安全性。云化的教育方式及千兆校园网络的部署大幅降低学校在终端侧的成本,实现"一点建设、多校分发",教育经费整体大幅节约,并且能够丰富课堂教学形式,学生学习积极性显著提升。高等院校通过组建校园专属全光网，打造新型现代化的校园教学管理系统，结合先进的网络信息技术，建设一种多层次、多结构、多业务融合的高可靠性、高性能和具有强大扩展能力的校园网络系统，为提升教学品质打下坚实基础。

二、案例介绍

（一）案例名称："千兆光网+云VR教育"助力教育普惠发展和信息化转型

1. 案例背景

在教育领域，教育部出台了相关政策以支持虚拟教研室的发展，学生对生动有趣、高效的学习方式需求强烈。同时，我国教育资源在一定程度上存在跨地域不均衡问题，诸多学校对共享优质教育资源需求强烈。面向以上需求，"千兆光网+云VR教育"就成为一种很好的高效率、低成本的解决方案。

目前，VR技术已经被逐渐应用于中小学课程、高校课程和职业培训等教育培训领域，取得了采用以往教学手段难以实现的效果，但目前的VR教育产品还存在着体验一般、用户侧部署成本高和方案复杂等问题，严重制约了VR教育的普及速率。目前市场上主机式VR教育系统单用户硬件成本在1万元以上，且资源利用率非常低，部署复杂，需要专人维护。针对这些问题，云VR应运而生，但云VR业务对网络指标要求严格，传统方案应用挑战大。

典型的1路云VR业务带宽需求为130Mbit/s，约是4K高清视频带宽需求的3倍；端到端时延需低于20ms以消除眩晕感，相较于4K高清视频，要求提高了5倍；对网络可靠性的要求也大幅提升。因此，学校利用现有的组网方案承载云VR教育系统，存在业务卡顿、不流畅的体验痛点，亟须引入新的组网技术和方案，提升云VR教育的体验。

2. 解决方案

（1）技术方案

本项目创新提出"千兆光网+云VR教育"方案，助力解决云VR教育体验痛点，端到端组网方案如图3-1所示。云VR内容集中部署在云平台上，用户通过千兆光网访问云端内容，实现"一点部署、多点接入"，快速构建学校云VR教育能力。网络层面，通过"Wi-Fi6+FTTR+10Gbit/s GPON+OTN"系列技术创新实现端到端切片保障，智能识别云VR业务，并提供稳定的大带宽、低时延、低抖动的承载网。平台层具备智能化的实时业务性能监控和故障分析定位能力。

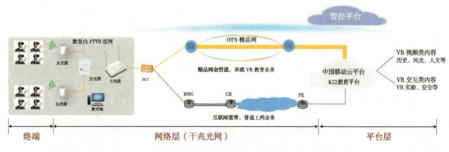

图3-1 "千兆光网+云VR教育"端到端组网方案

通过智能FTTR全光Wi-Fi组网提升用户侧网络能力。通过光纤延伸并引入Wi-Fi6解决空口带宽问题。光接入网络全面升级到10Gbit/s GPON支持千兆大带宽接入，并通过引入DBA（动态带宽分配）单帧多突发、专用注册开窗等协议控制和调度优化机制降低光接入网络时延，高等级业务的平均时延可从600μs降至300μs以内,时延优化超过50%。PON接入网与OTN的协同识别、感知VR业务,匹配业务建立链路,并按需动态调整链路资源分配。

(2)应用场景

① 面向大、中、小学校及家庭教育

此类场景面向大、中、小学校及家庭教育,如图3-2所示,本项目通过"千兆光网+云VR教育",打造生动、逼真的学习环境,如虚拟实验室、模拟宇宙中的天体运动、模拟生物中的微观世界等,将抽象、不易理解的知识以形象、生动、直观的形式呈现,学生使用VR设备就可以进入虚拟的课堂中沉浸式地"体验"知识,而不再是机械式地死记硬背知识。同时,通过云VR技术建立各种虚拟实验室还可以降低实验风险。

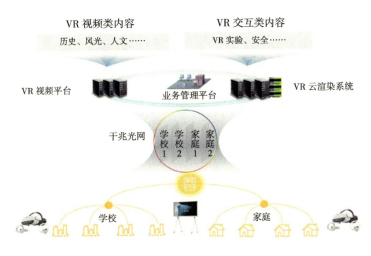

图3-2 面向大、中、小学校及家庭教育应用场景

② 实训教学

实训是各大高校、各种技术行业的重要需求,很多仪器过于精密,原材料过于昂贵,操作环境过于危险,这也是所有实训的痛点。"千兆光网+

云 VR 实训教学"可以完美解决这些问题，与真实操作逻辑基本一致的云 VR 实训，效果远优于基于普通平面软件的操作学习。

3. 应用成效

目前，本方案已经在湛江市第十二小学部署完毕，在湛江市第七小学和湛江市第四中学正在部署中。本方案获得了 2021 年世界 VR 产业大会年度创新奖，得到行业的高度认可。项目组已经形成标准化 VR 教育模板，包括解决方案、硬件配置、网络配置、商务模式、课程配置等的标准化，模式可方便地复制推广至全国大、中、小学校。在 VR 内容方面，已有 200 多课时的优质内容，涵盖素质培养、安全教育和理化生实验等，提供沉浸式、安全可靠、无毒无害的学习环境，聚焦当前教育热点，得到了学校和师生的高度认可。

（二）案例名称：甘肃联通 ODN 3.0+FTTR 助力教育宽带发展

1. 案例背景

"智慧教育"是由国家主导，各大、中、小教育机构和企业共同参与构建的现代教育信息化服务体系。在通信业"大连接、大计算、大数据、大应用、大安全"的基础上，由云计算、物联网、互联网，以及数字课件、公共服务平台和云端设备组成开放校园，实现跨时、跨地共享教育资源。教育宽带在进行传统组网时，教师直播带宽不足，学生上网课卡顿、时延高，教学质量无保障。如果不对网络组网架构进行优化，仅仅提高组网带宽，无法有效解决问题，教学质量也无法得到保障。

甘肃联通 ODN 3.0+FTTR 助力教育宽带发展项目主要面向教育行

业,在由智能分布式 OLT、品质宽带数字化平台和 FTTR 全光组网技术组成的数智千兆光网的基础上,通过数智 ODN 3.0+FTTR 千兆光网实现教育宽带方案,为教育行业数字化发展提供网络底座,实现了畅通连接学校和学生之间的教育网络,提升学校网络质量。ODN 3.0+FTTR 为新型数字教育平台提供了高品质网络保障,避免出现网课卡顿和网络延迟的问题,保证直播教学质量和学校正常教学活动的质量。

2. 解决方案

技术方案

如果采用传统光网建设方案,光纤宽带覆盖河西学院学生宿舍,只能在学院假期期间施工,由于涉及的宿舍数量多(每层楼约30间),面临着如何保证施工效率和安全性的双重挑战。传统的多芯光缆施工方案采用集中分光,采用星形结构布放光缆,重复布缆多、光纤熔接工作量大。

采用 ODN3.0+FTTR 方案可以实现光纤的快速部署,免光纤熔接,当天完成部署,既保障了学生宿舍光纤宽带即时可用,也保障了宿舍的安全性,减少了对学生学习的干扰。根据楼宇的安装场景,使用室内接头盒(Hub Box)、FAT 产品(如级联盒和末端盒)。每栋宿舍楼内放置一个 Hub Box,每层楼安装一条链的级联盒和末端盒,覆盖每层楼各个宿舍。考虑到楼道内安装场景受限问题,级联盒和末端盒中已内置配线缆,这样就大大提升了施工安装效率。因为配线缆采用单芯预制缆来替代多芯光缆,所以在各栋楼间布放普通光缆时,可以用一根光缆覆盖多层楼,替代原来每层楼都需要一根光缆的方案,大幅减少光缆使用量和工程施工费用。图3-3为室内不等比分光方案组网原理图。

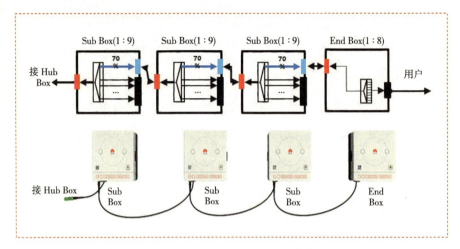

图3-3 室内不等比分光方案组网原理图

3. 应用成效

本项目已在河西学院完成试点工作,网课质量大幅提升,教学效果非常理想。本项目旨在保障教育的发展,帮助教师做好直播,帮助学生上好网课,保障全社会教学活动的正常进行。

本项目为教育宽带发展提供了端到端的整体解决方案,通过数字化平台、智能分布式OLT、ODN 3.0和FTTR组网方式快速组网,降低建网成本,提升用户感知,实现了真千兆教育宽带。

(三)案例名称:教育精品网助力数字教育公共服务体系升级

1. 案例背景

怀化市洪江区位于沅江、巫水两水交汇处,山水如画,风景秀丽。怀化市入选第七批国家级生态示范区。洪江区拥有14所中小学,是教育信息化1.0的示范区。为积极拥抱教育信息化2.0,更好地加强教育建设,洪江区教育局联合中国联通,就以教育精品网产品为试点,在洪江区开展教育精品网试点和智慧校园建设。

现阶段校园已经全面实现通网，但是普遍存在智慧教育设备普及发展引起的带宽不足、校园线路老化、网络设备运维难等问题。随着5G和千兆光网的发展，湖南联通针对以上问题，孵化出了教育精品网。教育精品网利用5G和千兆光网，为校园提供大带宽、低时延的校园网络服务，推动湖南教育信息化、数字化发展。同时引入人工智能、物联网、大数据等先进技术，针对校园音视频需求和网络管理需求孵化音视频统一管理平台和网络统一管理平台，实现校园场景全监控，管理无死角触达教室、办公室，网络统管平台实现校园网络设备和平台统一管理。

2. 解决方案

（1）技术方案

教育精品网基于"联通云+千兆光网+物联网终端+特色应用"的一体化架构，融合了微服务、容器、DevOps等云原生技术，网络有线无线一体化，网络统一管理平台、音视频统一管理平台落地，可根据客户需求进行定制化部署、敏捷化迭代，有效地解决了校园网络性能与教学应用协同匹配的问题，提供高效的校园智慧管理工具。教育精品网组网架构如图3-4所示。

教育精品网底层网络承载基于中国联通已经在各省、市、县部署的高品质OTN，可以以省、市、县为单位进行建设，依托现有网咖云网络，通过在网络里划分保障带宽通道，可采取迷你型OLT下沉学校，通过分光纤至班级、万兆OLT端口与校园原有汇聚交换机对接、网咖云交换机下沉至校园等方式，为全省中小幼教育提供高速全光网服务，学校教室采用终端白盒接入，实现教育网的安全、高速、可靠访问。

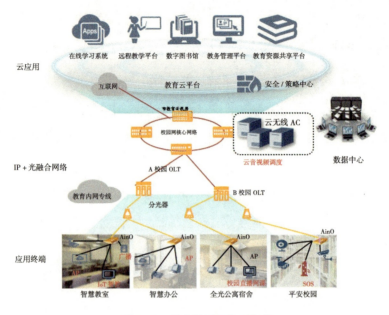

图3-4　教育精品网组网架构

云资源上，利用现有省教育厅，市、区县教育局云资源池，通过联通教育精品网为湖南省教育行业打造"1+14+N"云网一体的三级云体系架构，校园至市教育局云机房组网架构如图3-5所示。将云平台部署在市教育局机房中，形成市教育局云机房，通过"云+网+端"实现有线无线一体化管理，多种业务一体化接入，满足多业务自动发放。

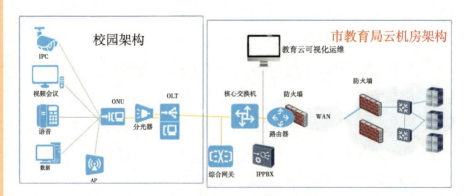

图3-5　校园至市教育局云机房组网架构

(2) 应用场景

网络及音视频统一管理平台为学校提供了校园监控、音频广播一体化管控功能及网络设备统一维护功能，如图3-6所示。其中音视频统一管理平台可通过校园监控视频实时监控来访校园的人员动态轨迹，并在发现校园问题时可通过音频广播功能对问题发生处的广播进行警报，方便学校及时预警。音视频管理中心同时支持PC端和移动端，可随时随地快捷监控。同时网络及音视频统一管理平台可充分利用原有校园监控摄像头、监控网络，不影响原有监控效果及使用方式。

图3-6　网络及音视频统一管理平台

3. 应用成效

为了提升师生网络体验，中国联通针对洪江区制定了一系列智慧教育建设方案。对整体网络进行改造升级，流畅、优质的校园网络能够有力支撑校园新数字教育硬件运行，到班测速可达900Mbit/s，仍然有相当大的空间供未来新教育设备网络接入。音视频统一调度平台通过接入洪江区14所学校的全部摄像头和广播，随时直接触达校园内的各点位，方便教师巡课、校方听评课。统一管理维护平台可一键查看全网络链路、设备状态，并进行在线维护。本项目已在马王堆小学、湖南托雅技工学校、郴州市第六十七完全小学落地应用。该产品成熟的商务模式打造已完成，具备产生经济效益的能力。

教育精品网落实教育信息化政策，满足当前乃至未来的教学网络需求，实现区级/校级校园督导。教育精品网落地洪江区，为该区提供统一搭建的高质量网络、网络统一管理平台和音视频统一管理平台，促进该区教育信息化建设。产品落地湘西，开展湘西、铜仁两地网络教学交流活动，搭建横跨湘贵两地的沟通桥梁。

（四）案例名称：基于千兆光网的市教育局智慧校园建设项目

1. 案例背景

以云计算、大数据、物联网、千兆光网和边缘计算等技术为代表的新一轮信息技术革命，正在不断催生新技术、新产品、新业务、新方法、新思维，推动产业升级，改变着教育信息化发展模式。各教育主管部门、各级院校也充分意识到智慧教育创新发展的重大意义和发展的必然趋势，在教育信息化建设方面加大了投入，在全国掀起了一股智慧教育建设的浪潮。

无锡市教育局项目建设的目标是建立健全平安校园，创建有效的工作机制，改善学校及周边治安状况，建立健全校内安全防范机制，有效防止治安案件和安全事故发生；建立市教育局对全市市属院校的统一督导管理体系。

2. 解决方案

（1）技术方案

在各市直属学校内增添智能前端设备，并部署联通校园管理平台，由联通校园管理平台将在学校关键点位拍摄的视频图像,包括人脸抓拍图片、车辆抓拍图片等数据资源统一汇总至市教育局校园管理平台。

此次建设的联通校园管理平台有更好的兼容性和扩展性。对所有市直属学校的视频、图像等数据资源进行统一对接,为无锡市直属院校提供安全规范的管理接口,充分利用智能化技术手段,全方位展现校园运行的工作和数据,为全市的校园管理工作提供有力支撑。网络传输如图3-7所示。

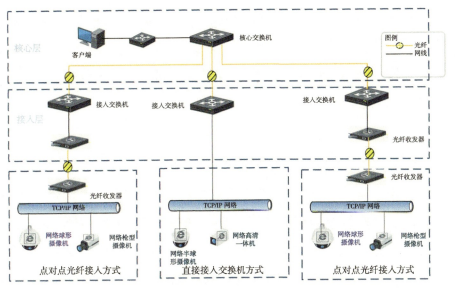

图3-7　网络传输

针对市直属学校的校园出入口特点,建设车辆通行管理系统、人员通行管理系统、周界电子围栏、一键报警系统及视频结构化管理系统,多维度实现对人员、车辆、事件的全面管理,全方位建设完善的校园技防管理体系,保障校园安全。

(2)应用场景

① 智慧教室

实现学校的会议室、教室、移动接入点即时参与多方音视频交互。

② 智能监控

室内应用场景主要包括教学楼、行政楼、宿舍楼、图书馆、体育馆、食堂和监控中心等学校内部场景。根据不同场景的不同需求，灵活选择合适的前端监控产品。

③ 人车同行

智能门禁系统是基于现代电子与信息技术，在校园建筑物内外的出入口安装自动识别系统，对人或物的进出实施放行、拒绝、记录等操作的智能化管理系统。室外出入口管控系统通过人脸识别道闸对出入人员进行管控，针对有要求的学生宿舍出入口、教学楼、图书馆、体育馆等位置，结合实际管理状况设计人员通道管理系统。

④ 报警联动

校园安全工作始终是智慧校园建设工作的核心之一。作为安全设施之一，报警器在保障校园安全方面发挥着无可比拟的作用。将报警柱安装在学校各个区域内，在发生紧急情况或需要咨询求助时按下呼叫按钮，可立即与监控中心值班人员通话，值班人员也可通过前置摄像头了解现场情况并进行广播。紧急报警系统架构如图3-8所示。

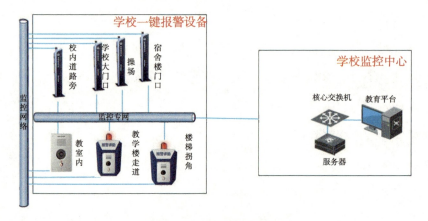

图3-8 紧急报警系统架构

3. 应用成效

本项目保障了市教育局对下属各院校的统一督导管理,为教育局的校务决策提供了技术依据,提高了各个职能部门的工作效率,大幅降低了学校的人工管理成本。

(五)案例名称:江苏省教育厅IPv6+"双千兆"城乡结对互动课堂项目

1. 案例背景

为促进城乡教育优质均衡发展,实现江苏省"三个课堂"(专递课堂、名师课堂、名校网络课堂)应用尽用,根据《教育部关于加强"三个课堂"应用的指导意见》和江苏省对"三个课堂"建设的总体部署,江苏省教育厅于2018年启动城乡结对互动课堂试点项目,在基于信息技术的资源共享和教研活动等方面进行了有效探索。为了进一步做好此项工作,2021年年初,江苏省教育厅在试点项目的基础上研究制定了《江苏省城乡结对互动课堂建设和应用实施方案》《江苏省城乡结对互动课堂建设指南》,将"省建省管"建设方式改为"省拨经费、县建县用、省(市)县共管"这一更加灵活高效的建设方式,全面推进江苏省教育厅IPv6+"双千兆"城乡结对互动课堂项目建设及应用。

以县域为主全面建设城乡结对互动课堂,涉及多品牌互动终端管理、多级教务管理、多维数据共享与展示,试点项目管理平台已无法满足项目发展需求,且大量县、区已启动或筹备本区域城乡结对互动课堂建设,因此,为了实现全省互动课堂"省(市)县共管",江苏省城乡结对互动课堂平台的升级改造迫在眉睫。

2. 解决方案

（1）技术方案

对江苏省城乡结对互动课堂平台的升级改造是在原有系统建设的基础上的进一步完善，升级改造后的平台将采用省、市、县、校四级架构，能够提供统一的 API 供地市自建平台按标准接入，如图 3-9 所示。平台充分利用江苏省城乡结对互动课堂试点项目已建设好的音视频交互软硬件，通过对视频中台、数据中台、设备中台、资源中心等功能模块的建设，实现对全江苏省城乡结对互动课堂中的硬件设备和教学、教务、教研等应用的管理，并支持第三方资源、应用和设备的接入与互通，能够支撑江苏省"三个课堂"的互联互通和融合发展。

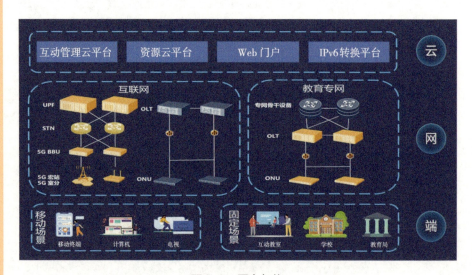

图 3-9　平台架构

（2）应用场景

① 丰富教学资源，促进教学资源建设

通过对现有普通教室的改造升级，教师随时可以录制精品课程，积累更多的精品视频课程资源。主讲教室支持多路高清视频及计算机信号输入，可同步采集多路视频、音频、VGA（视频图形阵列）信号，实现对教师、学生、授课PPT等多个对象的录制，全方位还原教师授课和学生听课的教学场景。

② 开展城乡结对互动课堂等教学活动，创新教学和教研方式

主讲教室可以突破地理位置的局限，教师可以进行在线授课；互动教室可以通过网络接入主讲教室，实现学生远程听课。这种方式有效地突破了课堂上的时空限制，学生可以随时随地相互沟通，实现优质教师资源的共享，解决学校阶段性师资不足等问题。

③ 建立互动平台，促进教师交流，共享教育资源

通过整合一套大型的互动教学平台能更好地实现多教室的互动，建立跨校区的交流，教师之间可以随时随地相互学习，从而提高教师的教学水平，提高教学质量。

3. 应用成效

江苏省教育厅IPv6+"双千兆"城乡结对互动课堂项目目前已覆盖全省1375所学校，升级建设2175间互动教室，将全省所有乡村小规模学校（含教学点）、乡镇寄宿制学校和城乡薄弱学校纳入城乡结对帮扶体系。本项目积极服务乡村振兴战略，充分利用信息技术，实施城市优质学校和乡村小规模学校（含教学点）结对帮扶，实现城乡义务教育学校之间的同步备课、同步上课、同步研修和同步评价，着力提升薄弱学校教育教学质量，加快消除区域、城乡、校际办学差距，切实推进城乡教育一体化和均衡化发展，为实现教育公平提供坚实的支撑。

（六）案例名称：千兆光网打造西藏自治区教育发展新引擎

1. 案例背景

西藏自治区总面积为 120.28 万 km^2，目前西藏自治区共有各级各类学校 3195 所，平均每 376km^2 才有一所学校，远低于行业公认的平均每 9km^2 有一所学校的标准。学校和教师等教育资源不充分、分配不均衡。长期以来，如何实现优质教学资源的均衡覆盖困扰着西藏自治区的教育主管单位，主要存在自治区、市、县、校的四级资源的管理标准、技术支撑方式、学校带宽速率等要素不统一的问题。

西藏自治区的教育战略目标是通过打造"云、网、端、用"一体化工程，实现教育公平。对全区学校按照统一接口、统一标准组建专网，打破校际信息孤岛，盘活前期花大力气建成的西藏教育珠峰旗云平台这一教育管理平台和教育资源平台（以下简称"珠峰旗云"），使之真正成为西藏教育的对外名片，是本项目要实现的主要目标。

2. 解决方案

（1）技术方案

本项目采用中国电信云专网的组网模式，实现多终端的互联互通，以网络传输为基础，承载珠峰旗云、天翼云和分布式边缘云的多云接入，从而统一标准，支撑业务中台、数据中台和运维中台建设，进一步实现各类教育应用汇聚。

项目按照"万兆骨干、千兆进校、百兆到桌面"的组网建设标准，为西藏自治区 3195 所学校实现了千兆接入。通过 2 台自治系统边界路由器（ASBR）下挂核心路由器，用于西藏自治区教育厅珠峰旗云、互联网的边界统一。高速 PON 适用于学生数量多、校端并发量大的场景；AirPON 适用于中小规模、偏远学校的使用场景。

中小学 OLT 设备下挂 ONU，实现全光校园局域网，PON 以上部分采用全程双链路保护。安全防护策略加载至末梢，学生通过手机网络、家庭宽带等方式，进行应用安全访问。学校侧 OLT 设备与边缘云网关对接，与 5G 网络实现互通，实现"双千兆"协同部署。通过统一纳管的网络管理平台，实现了端口流量查询、全网视图展现、故障闭环处理等核心功能，满足业务全流程自动开通与可视化管理。

（2）应用场景

① 空中课堂

以教育云专网为底座，承载珠峰旗云、天翼云，将实现空中课堂在线教学、教学资源平台、智能排课等应用场景，教师可通过该平台实现网上教学、直播互动、在线排课等，空中课堂应用场景如图 3-10 所示。

图 3-10　空中课堂应用场景

② 校园安防

本项目依托中国电信视觉智联平台，将西藏自治区563所小学、2.3万余路监控视频汇聚到教育管理机构指挥平台，协助相关单位落实校园安全风险防控工作要求。

3. 应用成效

本项目建设前，西藏自治区教育组网标准不一，一半左右的学校不能连接西藏教育珠峰旗云平台获取优质教育资源。本项目建成后，采用统一组网标准，实现优质教育资源抵达农牧区及抵边一线学校。本项目建设前，网络带宽偏低，51%的学校带宽低于100Mbit/s。本项目建成后，西藏自治区所有学校满足多媒体教学等大带宽的应用需求。本项目建设前，众多校园分散接入互联网，网络安全风险突出。本项目建成后，遵循云网安一体化原则，统一互联网出口，提供IPv4、IPv6双栈接入，并在出口安全和天翼云安全上叠加中国电信安全策略，同时将在学校侧部署安全网关，病毒库与云端实时更新，在校端拦截安全威胁，有效防范安全风险。

第四章
数字政府

一、行业背景

（一）行业基本情况

数字政府是指以新型信息技术为支撑，打造政府数字化平台，创新政府业务发展模式，通过构建大数据驱动的政务新机制、新平台、新渠道，进一步优化调整政府内部的组织架构、运作程序和管理服务，形成数字化、现代化、智能化的治理模式。根据我国国家标准《国民经济行业分类》（GB/T 4754—2017），数字政府属于信息传输、软件和信息技术服务业门类中的软件和信息技术服务业（代码65），以及公共管理、社会保障和社会组织门类。随着全球数字化进程的不断推进，数字政府已然成为"数字中国"体系的重要组成部分，也是推动经济社会高质量发展的重要引擎。加快数字政府建设，是推进国家治理体系和治理能力现代化的重大举措，是迎接数字时代浪潮、适应经济社会全面数字化转型的必然要求，也是新时代建设高质量服务型政府的有力抓手。

当前，我国数字政府产业增长势头迅猛。在地方推进方面，多个省（自治区、直辖市）已经发布数字政府的战略性文件，成立领导小组等，统筹推进数字政府规划建设工作。在市场规模方面，市场规模呈现持续高速增长态势，政务数据、软件和服务市场份额持续扩大。在产业发展方面，数字政府覆盖面广、服务用户多、应用场景丰富，势必形成可持续、稳定发展格局。

（二）行业需求

近年来，国家出台多项政策指导数字政府建设。《国家"十四五"规划纲要》明确提出"推进网络强国建设，加快建设数字经济、数字社会、数字政府，以数字化转型整体驱动生产方式、生活方式和治理方式变革"。建设数字政府旨在充分发挥政府治理效能，更好地激发数字经济活力、优化数字社会环境、营造良好数字生态。

我国正处于经济社会高质量发展新阶段，一方面，国家治理现代化面临着更加复杂多变的环境，对政府治理提出更高的要求，因此需要借助数字政府的建设实现国家治理现代化，使政府更加科学化、高效化、透明化地解决问题。公共服务、移动政务办公需求激增，政府工作模式和社会运行模式加快变革，给各级政府的数字化建设和应急管理能力带来综合性考验，因此数字政府的建设部署会大大提升工作效率。另一方面，政府在资源均衡利用、数据有效联通、跨域业务协同等方面面临严峻挑战，亟须构建全国一体化政务服务平台、全国一体化在线监管平台等枢纽平台，以"一网通办""一网统管""一网协同"等为代表的创新业务模式开展业务，进行统一规划体系、资源快速共享、业务协同调度、解决跨域异构的统筹管理和资源调度问题，实现平台的高效运营，对业务高效开展提供有力支撑。

（三）千兆光网解决行业痛点

千兆光网技术助力打造数字政府坚实基座，树立全光政务示范效应，解决社会民生痛点，促进社会民生发展水平与政务服务水平不断提升。打造全光网政务系统，实现多个政务专网的一网承载，一张网融通多行政部门，一个平台融通多部门数据，打通数据壁垒，实现"一网通办"。为满足数字政府网络统一接入、高效互联、安全可靠、灵活调度等发展要求，构建 OTN、OXC、10Gbit/s PON 等技术相融合的新一代全光电子政务网，提供低时延、低抖动、低丢包率、大带宽、高可靠性、高安全性、高可用性的网络支撑能力，为政府业务提供敏捷、灵活、定制化的网络服务。另外，打造千兆 OTN 虚拟专网，实现网络资源快速拉通和用后的快速释放，同时利用超高速、低时延、大带宽、高可靠性的连接，实现数据快速、安全共享，通过流程再造、并联审批，大幅度缩短办事时间、降低运营成本、激发市场活力。

（四）千兆光网行业规模化应用分析与总结

当前，千兆光网和数字政府领域的融合发展虽初显成效，但尚未完全成熟，主要面临以下三大问题。一是政府体系的全光升级、改造需要完善，当前各地政府网络建设部署基础存在一定差距，升级改造完善程度不均衡，需要加大薄弱地区光网升级、提升改造力度，强化网络基础设施建设。二是数据共享方面存在安全隐患，建立健全网络安全防护体系，保障政府和公民信息安全是关键，应加大安全技术的研发，将千兆光网与区块链等技术融合发展，加强云边端安全防护、保障数据安全。三是跨域平台的集成和跨域业务协同方面面临挑战，跨域平台的集成涉及统一的软件、接口等的规划、集成，但是由于当前各地平台种类众多且尚无统一的标准，构建全国一体化政务服务平台存在困难。另外，随着承载业务种类和数量的不断激增，业务的跨域协同调度机制有待升级，解决跨域异构的统筹管理和资源调度问题是关键。

二、案例介绍

（一）案例名称：全光网技术助力打造中山市数字政府坚实基座

1. 案例背景

以往中山市有33张独立政务专网，导致一系列问题。一是各部门各自为政，数据割裂，形成信息孤岛，跨部门的数据互通困难。二是网络存在安全隐患，33张独立政务专网与外网互联节点多，各部门维护能力参差不齐，极有可能产生安全漏洞。三是政务服务效率受影响，企业、群众需要跑多个部门，效率低，体验差。四是多张网络导致建网成本高、周期长。

中国移动研究院联合中山市政务服务数据管理局、广东移动，积极响应政府号召，以全光网技术助力打造中山市数字政府坚实基座，树立全光政务示范效应，解决社会民生痛点，促进社会民生发展水平与政务服务水平不断提升。项目组结合中山市政务服务切实需求，提出建设"纵向到底，横向到边"政务网目标，包含网络连接有覆盖、算力资源有统一、安全防护有保障、政务服务有创新。通过构建"智慧中山一张网、一朵云"，即一张政务网、一朵"政务云"，纵向到底覆盖市－镇－村三级292个行政区域、1403个单位，"横向到边"拉通33个政务部门。

2. 解决方案

（1）技术方案

结合中山市政务网的需求，项目组有针对性地开展三大技术创新研发和应用。

- 创新 CPE，支持末端设备即插即用、自动上线、拓扑自动发现、统一管控等新功能，解决当前 OTN 部署不灵活、业务开通时间长的问题，实现快速灵活、品质入算连接。

- 首创 OVPN（光虚拟专用网）全光切片，提供波长、子波长等多维度的资源硬隔离，实现从专线到专网的转变。灵活匹配各个部门诉求，为多个部门组建个性化的虚拟专网，实现一网多用，同时又安全隔离。

- 创新 SOTN 管控融合，从传统单一管理向基于编排、控制、转发的 3 层架构转型，端到端集中管控和智能调度，提供时延可视、资源可视、电商化自助式服务等能力，业务开通时间由原来数天缩减至数分钟。

（2）应用场景

① "粤智助"政府服务自助机上山下乡

光纤网络全覆盖行政村，通过项目组创新设计的 CPE 和其他多样化接入手段，实现一张网满足灵活接入等诉求，助力"粤智助"快速上线、简易运维。以前，人民群众办理政务需要跑多个部门，现在"粤智助"政府服务自助机近在咫尺，真正实现"数据多跑路、群众少跑腿"。

② 一照通行

项目组注重于贴近一线用户，自下而上实现创新，配合政务系统的云化改造，实现33张独立政务专网的一网承载，即实现网通，一张网融通多行政部门；实现数通，一个平台融通多部门数据；实现用通，打通数据壁垒，助力数据通畅、便利企业办事，"一照通行"。

从"多部门、多材料、多窗口"转变为"一套材料、一个平台、一个窗口",实现营业执照与经营涉及的多项许可事项"一次申办、一步办结"。有效解决市场主体"证照分散办、群众多趟跑、证照发放多"的问题,优化营商环境。

③ 远程异地评标

采用"远程异地评标系统",评标专家全部通过自动抽取的方式进行在线打分,评标结果和评标报告由系统自动生成。这样可以实现资源高效复用,有助于实现全程留痕、可查可溯,更有助于打造更加公平、开放、优质、安全的阳光采购。

3. 应用成效

中山市通过项目组打造的 OTN 政企专网构筑高品质的全光政务外网,使中山市"数字政府"的发展进入"快车道",电子政务应用不断深化,成为各级政府部门高效运转、创新管理和改善公共服务的重要支撑,推动中山市电子政务业务系统智能升级,实现政务网络建设、运维成本从每年1.1亿元降低至每年1553万元,年节约成本9447万元。中山市全流程"网上办"的比例超过86%,高频服务事项"就近办"超过90%,企业开办最快1天即可完成。企业群众办事的效率得到提升、成本得以降低,有效激发了市场活力。

(二)案例名称:元和街道关于智慧社区"三定一督"全要素全光网监测感知计量平台

1. 案例背景

随着苏州市"三定一督"模式的确立,基于原有业务模式的全过程监管需要进一步延伸监管触角。元和街道建设智慧社区"三定一督"全要素全光网监测感知计量平台，以垃圾分类业务监管和线上居民互动为核心，整合原有信息化资源，统一考核、统计数据和标准，实现线上监管、线上互动，建成高效、新颖、可持续的全民垃圾分类新生态。

本项目建设健全源头分类的工作监督机制和质量考评机制，夯实基础，稳步推进各项工作，积极贯彻落实《2020年苏州市生活垃圾分类处置工作行动方案》，在更高层次、更宽领域、更广维度推进垃圾分类工作高质量发展。

2. 解决方案

（1）技术方案

方案的功能架构被分成以下3个部分，如图4-1所示。

图4-1　方案的功能架构

第1部分，智能计量终端，包括设置在小区内的清洁屋及垃圾就地处置终端。如在园林绿化垃圾站、大件垃圾处置场、焚烧厂、填埋场中，已经存在计量数据终端设备，只要和平台完成对接工作，硬件便不需要再重复建设。

第2部分，提供基于全光网的物联专网，把采集到的数据实时传输到智能 VPDN 平台上。

第 3 部分，数据监管平台完成数据的接入、转换、汇聚、治理、可视化配置。面对业务主题的资产平台，数据监管平台依托数据中心可以提供智能高效的数据映射能力，通过手机 App 提供友好的数据可视化服务，便于查询和监管，为量化决策提供实时流数据分析，最终为规划环卫设施及作业模式提供有力支撑。

（2）应用场景

① 建立区级源头垃圾计量中台

基于城市地理经纬度数据，实现垃圾大数据与地理信息系统联动的中控平台。集成化可视本区域实时垃圾分类数据、统计数据、日均数据、月均数据、年度对比数据、垃圾流动趋势走向图等，实现多维度监控及实时分析。

② 大数据看板

采用大数据分析技术实现各街道、小区的垃圾收运热力图，分析显示各街道、小区垃圾收运的特征图，掌握本区域垃圾收运的基本情况、管理覆盖情况、投放设施覆盖率情况等；同时根据平台大数据综合评判各类垃圾处置方式优劣等信息。

③ 数据报警

对全网设备进行心跳监管，实现在设备离线及出现故障时第一时间通过短信、邮件、微信等方式进行上报，以便系统进行追溯。

3. 应用成效

本项目为政府民生类工程，目前已初步完成一期项目的建设，二期项目、三期项目会陆续完成对所有小区的垃圾分类计量平台的建设。建设全要素全光网监测感知计量平台，建立分类投放、分类收集、分类运输、分类处理的生活垃圾处理体系，已成为城市文明建设、精细化管理、优化社会治理等领域的重要内容。

本项目实现了垃圾分类业务实时数据的动态滚动展示，通过界面的分割，设计"投放源头""收集监管""运输监管""处置监管""视频"等分割区块，并以美观、简洁的设计语言将各类动态数据分区展示。

（三）案例名称："双千兆"助力南山区打造"圳智慧"标杆

1. 案例背景

深圳市提出要建设全市统一的电子公共服务体系，围绕服务对象需求，以市民和企业为中心，以法治化、标准化、信息化为核心，全面推进政务服务改革，构建以"八个一"（"一码管理、一门集中、一窗受理、一网通办、一号连通、一证申办、一库共享、一体运行"）为核心的"互联网 + 政务服务"体系，实现服务内容更加集约、服务流程显著优化、服务模式更加多元、服务渠道更为畅通。

南山区为响应深圳市智慧城市建设意见，立足于智慧南山和数字政府的建设需要，结合新型城市基础设施建设工作，积极探索智慧城市建设新途径，建立联合实验室创新机制，利用千兆光网、5G、互联网、物联网、云计算等高新技术，致力于解决数据共享难、应用难，系统重复建设，治理联动机制不完善等问题。

2. 解决方案

（1）技术方案

基于以上背景，深圳电信提出"双千兆"网络 +"圳智慧"平台的方案，赋能城市数字化升级。总体来说就是"一平台，两朵云，双千兆"。

在组网方案上，创新地使用"多网融合、云网一体"的架构，提供广覆盖的"双千兆"网络。初期，南山区搭建了一张 OTN 专网，政府、公安局等重点单位接入网络。但随着城市发展，仅靠一张 OTN 专网已经无法满足需求，于是项目组引入了新型城域云网、XG-PON 光网和 5G 网络，与原来的 OTN 专网共同构建了一张大网，让政务网延伸到城市的各个角落。

在技术应用上，基于云网融合的网络架构率先应用了六大光网新技术。首先，通过应用 FlexE 切片技术实现安全隔离，再通过 SRv6 TE Policy 技术实现端到端安全随选能力，通过这两项技术的加持，网络攻击自动识别率提升了 83%；其次，为了实现网络的智能高效管理，通过应用 iFIT 技术逐跳检测网络状态，应用 Telemetry 技术实现 1∶1 流量还原，网络故障处理时间缩短了 65%；最后，为了解决海量接入承载问题，通过运用 OTN 和 XG-PON 技术，实现了业务端到端的光速直达。南山区目前 XG-PON 光网的覆盖率已经达到 95%，相比 2022 年提升了 350%。

综上所述，深圳电信基于光网新技术，对南山区政务网进行了深度融合创新，实现了云网安的端到端切片，满足了城市级数据安全融通需求。

（2）应用场景

① 智慧政务

政府决策单位通过"圳智慧"云上城市服务平台整合各领域的专业信息系统或平台，集成 GIS（地理信息系统）/BIM（建筑信息模型）/CIM（城市信息模型）的数据、地理地图信息、人口基础信息、法人单位基础信息、宏观经济基础信息、地名地址基础信息，以及各职能部门的专题数据信息等全市范围内的政务信息资源，通过构建庞大的数据集，高速在线共享服务体系。依托"圳智慧"云上城市服务平台对现实城市的数字孪生映射，借助多维感知、实时互联的技术手段，实现对城市全局的可视化、可感知，辅助政府决策，提升城市治理能力，提高城市管理效率。

②疫情防控

从数据动态汇聚到数据挖掘分析，从专家视频会商到现场实时联动，千兆光网的快速部署及超大带宽、低时延的优势发挥了积极作用。平台实现线上自主填报、智能搜集复工人员基本资料、健康状况等信息，为政府对企业复工审批提供辅助依据；自动校验人员近14天行程轨迹，经平台大数据分析综合判断，排查重点人员；针对防疫重点区域部署智能监控摄像头、NB（窄带物联网）定位器，进行疫情监测；通过人工智能机器人自动呼叫，完成人员排查与信息采集；利用人工智能、大数据、"双千兆"等技术，加快病毒检测诊断、监测分析和全程溯源管理。

3. 应用成效

"圳智慧"项目基于中国电信"双千兆"网络＋"圳智慧"平台能力，践行"云改数转"，统筹智慧城市和数字政府建设，抢占数字化平台制高点，打造新型数字孪生城市标杆。通过"圳智慧"大数据分析中心，直观洞察南山区现状，辅助政府决策，提升现代化治理水平，打造城区发展的"最强大脑"。"圳智慧"的响亮品牌，对深圳的高新技术产业起到了巨大的带动和示范作用。

（四）案例名称：构建"1+N+X"黄河流域生态保护和高质量发展专网——"双千兆"光云融合赋能智慧水务

1. 案例背景

水资源与能源之间存在重要的耦合关系，特别是黄河流域水土资源极不匹配，其流域面积占全国国土面积的8.3%，水资源总量仅占全国的2%，承担了占全国15%的耕地面积、占全国12%的人口的供水任务且支撑了占全国14%的经济总量。目前，山东省水资源总量是$3.08 \times 10^{10} m^3$，人均水资源占有量为$344m^3$，仅为全国人均占有量的13%。水资源短缺是制约经济高质量发展的最大瓶颈。

按照"水利工程补短板、水利行业强监管"的水利改革发展总基调和"实用、安全"的水利网信工作总要求，山东水利建设需要加快补齐信息化短板，加强水利行业自身能力建设，解决业务监管等问题。山东省坚定不移地实施黄河国家战略，开展智慧水利建设，搭建"智慧黄河"数字化平台。山东联通全面贯彻中国联通"全面发力数字经济主航道"，先行先试，率先在山东境内黄河沿岸9市25县，依托中国联通CUBE-Net 3.0网络创新体系构建了"1+N+X"黄河流域生态保护和高质量发展专网（以下简称"黄河专网"）。

2. 解决方案

CUBE-Net 3.0作为"黄河专网"的基石，坚持"新网络、新服务、新生态"理念，围绕黄河流域构建了"1"个黄河智慧大脑管控体系，赋能黄河流域的"N"种行业场景，实现"X"个行业应用。"黄河专网"的关键要素是整个黄河流域数据资源的算网一体、云光一体、5G确定性服务和基于山东联通自研X-ONE编排系统的黄河智慧大脑。网络从云与端之间的连接管道演进为内生更多IT与服务能力的新一代数字基础设施，实现"连接＋计算＋数据＋智能"的融合服务。

（1）技术方案

"黄河专网"通过"新基建"（新型基础设施建设）吸收新科技成果，实现国家生态化、数字化、智能化、高速化、新旧动能转换与经济结构对称态，打破一个地市、一座城、一个流域、一个水库、一条河流的单一治水模式。新型信息基础设施是"新基建"三大组成部分之一，OTN作为新型信息基础设施的带宽基座，通过"黄河专网"改变传统通信网络技术无法满足的水务跨域相接、库库相连、河河相通，让宝贵的水资源变成跳跃的可视化字符，助力黄河流域高质量发展。"黄河专网"具备集中管控、网络切片、全光调度、深度覆盖等先进能力。"黄河专网"组网实施框架如图4-2所示。

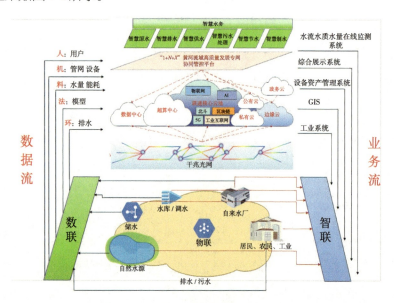

图4-2 "黄河专网"组网实施框架

（2）应用场景

① 山东省生态环境监测一张图

山东联通"黄河专网"突出"灵活、智能、高效、快速响应部署、高可靠性"组网，侧重关注全网的整合能力。打造"黄河专网"的互联互通能力，提升沟通效率，激活黄河经济带企业创新和盈利能力。"黄河专网"的互联互通能力体现在两个方面，一是与客户原有专网的互通能力，二是与各种云的跨域互通能力。全光网赋能物联网和大数据，构建山东省生态环境监测一张图，优化水质监测质量，实现无人监管。

② 山东省济宁市生态环境局智慧环保平台

平台通过卫星遥感数据获取水体透明度，利用超算中心的算力赋能，可确定污染水域，快速精准溯源水污染。同时还实现了基于 GIS 时空维度的环境信息基础数据接入及可视化管理；基于生态环境综合管理业务和监测业务核心基础数据，部署了基于 AI 的视频监控分析应用系统、城市黑臭水体遥感监测系统、济宁市 VOCs（挥发性有机化合物）污染源和治理综合监控系统等应用。

3. 应用成效

综上所述，为推动黄河流域高质量发展，围绕水资源，促进工程调度更智能、水利管理更高效、综合决策更科学、为民服务更便捷、人水关系更和谐，实现业务系统化、应用智能化、服务社会化，山东联通已在省内落地若干相关项目，以大数据支撑平台实现生态环境数据的统一存储、统一管理和统一应用，构建跨层级、跨地域、跨系统、跨部门、跨业务的系统管理和服务体系。

（五）案例名称：基于 OTN 多级组网的智慧消防解决方案及典型应用

1. 案例背景

为了贯彻落实党中央、国务院关于加强消防工作的系列决策部署，加快推进消防救援事业与经济社会协调发展，切实提高防范化解重大消防安全风险、应对处置各类灾害事故的能力，国家出台了《中华人民共和国消防法》《组建国家综合性消防救援队伍框架方案》《关于深化消防执法改革的意见》等法律法规和政策文件，在消防领域推进新兴技术与消防业务的融合与应用迫在眉睫。

本项目是最新 OTN 组网技术与应急公共服务领域的深度融合，属于社会民生应用专题中智慧政务板块，在民生服务、应急管理等应用场景具有广泛的应用。新型 OTN 组网技术从功能和性能方面均优于传统电路，能提供全程上下行对称的刚性透明传输管道，以及基于 ODUk 的 1+1 方式进行电路保护，实现倒换时间小于 50ms，全网多级链路状态监测管理，让链路具备业务紧急平滑升级的能力，创新性的新型光网络技术助力各行业信息系统的转型与升级，从而全面提升多领域的网络支撑与智慧应用能力，打造示范标杆，形成规模效应。

2. 解决方案

（1）技术方案

本项目技术方案依据《全国消防救援队伍应急指挥信息网接入工作指导意见》，基于湖北省消防救援总队、各地市消防救援支队和部分重点消防救援大队网络现状与业务需求综合形成。

本项目技术方案采用业内最先进、最成熟、最稳定的政企 OTN 进行承载，网络架构采用接入层＋骨干汇聚层扁平化网络结构，从而有效降低了背靠背时延。物理路由方面，从各地市消防救援支队/各消防救援大队客户侧 CPE 至湖北省消防救援总队/汉江消防救援支队客户侧 CPE，为每一条电路提供主备 2 条完全不同的物理光缆路由，且所有光缆均预留了 2 芯以上的冗余纤芯，以备主用纤芯出现故障时调配使用。

在接入层，湖北省消防救援总队、各地市消防救援支队、各消防救援大队共部署 20 台华为 CPE，为保证业务平滑升级至 400Mbit/s 的能力，

CPE 采用 GE 接口与用户路由器对接，并用于客户业务接入；为满足电路端到端 1+1 保护需求，CPE 采用"1主1备"2个端口，并通过2条不同的物理光缆路由与电信局端政企 OTN 设备互联，将用户业务传输至电信 OTN。

在骨干汇聚层，各条电路通过 CPE 接入后再通过湖北电信政企高质量专线承载网络（OTN）、城域汇聚网络利旧现有波道资源，采用2条不同的物理光缆路由分别传输至湖北省消防救援总队/汉江消防救援支队。

（2）应用场景

本项目技术方案应用于包括承载消防救援任务的"119"接出警、实战指挥及视频会议等核心关键业务，在指挥决策、应急救援、视频会商等方面发挥了重要作用。

千兆光网的大带宽、低时延、业务应用类型和数据流量完全透明，保证了物理层链路的高安全性，支撑了多种业务同时传送，包括承载数据、语音、图像等传输，满足各级消防单位的多种业务传输要求。同时，所有光网电路带链路聚合透传功能，保证每条电路独占带宽且上下行一致，不与其他线路共享带宽，客户侧传输设备、带宽均为独享，切实保障网络安全性对社会民生服务水平的提高与价值提升。

3. 应用成效

通过 OTN 千兆网，智慧消防系统能在不破坏建筑物原有外观的基础上完成安装，无须复杂布线，节省相关安装线路，减少人工工时，提高运行效率，设备部署成本节省72%。各消防核心设备状态信息可被直接上传到消防天翼云平台上，维修人员无须现场检查即可了解设备运行状况，设备运行维护人力成本节省54%。

基于 OTN 的消防监控平台，为消防安全检查等监管部门提供直观的大数据监控屏幕显示，管辖范围内的火灾隐患一目了然，能够准确定位隐患，便于及早发现和预防火灾，减少火灾的发生，不仅可以避免经济损失，还可以为监督工作提供很大的便利，同时还可以节省大量的人力、物力和财力。

第五章
智能建造

一、行业背景

（一）行业基本情况

根据我国国家标准《国民经济行业分类》（GB/T 4754—2017），智能建造属于建筑业门类，包含房屋建筑业（代码47）、土木工程建筑业（代码48）。智能建造是推进建筑工业化、数字化、智能化升级，加快建造方式转变，推动建筑业高质量发展的关键支撑。2020年7月，住房和城乡建设部等多部门联合发布了《关于推动智能建造与建筑工业化协同发展的指导意见》，指出要加大智能建造在工程建设各环节应用力度，提升工程质量、安全性、效益和品质，实现建筑业转型升级和持续健康发展。

智能建造能够推动建筑工程质量安全管理水平提升。建筑工地环境与人员分布情况复杂，施工地点分散，相应的，安全施工、人员管理、工程质量管理存在巨大挑战，利用先进的信息化手段建立一套科学有效的监管系统，实现对建筑施工现场全方位、全过程的监管已成为政府监管部门和建筑企业的必然选择。智能建造助力建筑企业降本增效。当前建筑行业劳动力短缺问题日益突出，建筑施工现场多专业协同能力不足，需要通过智能化、信息化手段打通全流程，实现对人力、物力的高效利用。智能建造支撑建筑行业绿色低碳转型。当前建筑垃圾及施工阶段能耗是建筑业的节能重点环节，实现工程建设项目全生命周期内的绿色建造，提高资源利用率，减少建筑垃圾的产生，大幅降低能耗、物耗和水耗水平十分关键。

（二）行业需求

在安全高质量建造方面，当前的安全监管系统和防范手段相对落后，建筑施工现场生产作业环境复杂、人员复杂、多工种交叉作业、协作方多，需要集成化的信息平台，包括千兆光网、5G、BIM、物联网、云计算、人工智能等新技术的集成与创新应用，提升数据资源利用水平和信息服务能力，实现建造全流程生产安全与质量监控监管。在降本增效方面，需要以 ERP 平台为基础，进一步推动向生产管理子系统延伸，实现建筑工地信息化，推动材料配送、钢筋加工、喷涂、高空焊接等施工环节的统筹集约管理，减少建筑材料浪费。为应对日趋凸显的人力不足问题，推广应用数字技术、智能建造机器人也成为智能建造行业的一个必然选择。在绿色低碳转型方面，"双碳"目标要求建筑行业实行工程建设项目全生命周期的绿色建造，打造行业管理平台，强化智能建造上下游协同工作，推行循环生产方式。

（三）千兆光网解决行业痛点

为满足智能建造安全高质量发展的要求，千兆光网将人员定位信息及时回传，实现全工地、全时段的监管和统计，有力督促各单位尽职履责，降低了质量记录造假的风险，同时千兆光网为施工安全监控提供大带宽、高稳定传输通道，管理人员能够对施工活动进行远程监控、检查及记录。为推动建造企业进一步"降本增效、绿色低碳"，千兆光网打通建筑材料生产、运输、施工分配等环节，通过千兆虚拟专网技术构建安全稳定连接，实现建造行业资源集约，建筑垃圾高效回收，并向智能建造机器人提供低时延、高稳定控制能力，从而提高建筑工地施工效率，减少人力不足带来的负面影响。面向普通住宅，在建筑施工设计阶段综合考虑光纤光缆布线，形成 FTTR 建筑行业规范，为打造绿色智慧房间奠定坚实基础。

（四）千兆光网行业规模化应用分析与总结

当前，千兆光网在智能建造方面的应用呈现从视频监控类业务向实时控制类业务梯度发展的局面，在建筑原材料供应、建筑施工设计、施工现场安全与质量管理等环节已有一定程度的应用。基于大带宽、广覆盖特性的施工安防监控与建造全流程工作链业务较为成熟。未来，远程塔机操控、工地智能机器人施工等新型建造方式将支撑工地现场向少人化、无人化方向升级。面向新型住宅的 FTTR 等施工建设标准将进一步发展与完善。

千兆光网在智能建造行业的规模化应用仍面临三大问题。一是施工现场复杂，施工地点范围广。网络建设面临复杂多样的地理条件，形成全面的网络覆盖会产生较大的网络投资成本。二是技术生态有待发展。现阶段工业 PON 增加了面向工业场景的抗电磁、防高温能力，但是建造行业特殊场景下的满足防爆、防高粉尘、防腐蚀等需求的应用模块与终端研发还不成熟，整体市场驱动力不足。三是智能建造行业商业模式不明确。由于智能建造涉及多方主体，包括建筑单位、网络运营商、住建部门等，存在建网规范不统一、职责划分不清晰等问题，有待各方进一步探索，达成共识。

二、案例介绍

（一）案例名称：光网与5G创新融合，打造"双千兆"智慧工地

1. 案例背景

建筑业是我国的传统支柱产业，然而生产管理方式粗放、生产效率较低、重质量轻安全、建筑从业人员素质普遍偏低、生产现场人/机/料/环境等管理手段落后等问题仍然普遍存在。对监管部门来说，建筑工地属于环境、人员复杂的区域，存在施工地点分散、施工安全管理难、文明施工监管难、人员管理难、调查取证难等特点。政府监管部门很难通过人员巡查来管理工地，利用先进的信息化手段建立一套科学有效的监管系统，实现对建筑施工现场全方位、全过程的监管已成为政府监管部门和建筑企业的必然选择。

聊城联通积极进行智慧工地项目的研发建设，旨在解决"三难"，即安全生产难、控制成本难、能耗降低难。在安全生产方面，实现安全帽智能提醒、远程塔吊等。BIM云平台与智慧工地大数据平台相连，更方便建筑施工现场的协同工作，既避免了物料的浪费，也解决了窝工、成本和能耗问题。

2. 解决方案

工地部署"双千兆"网络，实现全覆盖，且实现智慧工地五大传统终端（工地人员管理终端、工地设备管理终端、工地物料管理终端、工地安全管理终端、工地环境管理终端）统一接入，涵盖了"人、机、料、法、环"五大环节。将用于塔机远程驾驶用的5G-工业网关接入5G网络，并实现固移融合贯通，"双千兆"智慧工地架构如图5-1所示。

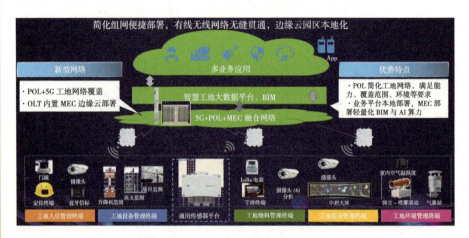

图5-1 "双千兆"智慧工地架构

连接终端包括实名制终端（人员管理）、环境监测终端（视频监控、扬尘）、安全设施（吊钩可视化、塔机与升降机检测等）、设备管理终端（水电监测）、物料管理终端等传统终端，以及5G-工业网关、低时延视频采集终端等设施。

5G和千兆光网"双千兆"融合使能远程驾驶塔机，使得远程驾驶功能在低时延条件下成为可能。"边缘接入与MEC融合"提供了在MEC部署轻量化BIM与智慧工地大数据平台，满足智慧工地综合监管、管理需求，尤其是BIM轻量化部署为BIM在5G终端应用打开了全新视角。最后，在MEC侧部署AI算力，用于工地各类视频终端AI检测，同时使能远程辅助驾驶功能，使得远程驾驶更便捷、高效、智能。

3. 应用成效

产品规模化生产后将对建筑产业链产生深远影响，建筑行业人力成本逐年上升、从业人员平均年龄偏大的问题得到解决，建筑施工效率提升、安全监管机制得到根本改进。建筑领域技术发展和服务方式的改进，将会改变工地的形态，从围挡、商混、环境监测、实名制等传统工地功能的使用，到BIM联合施工、无人驾驶，均有一个逐步推进的过程。设计、监理、项目服务方式也将会随之改变，建设效率更高、建设过程更安全且更节约成本，实现以数字化建造助力企业降本增效、节能减排，开启基于BIM与远程驾驶的工地管理新时代。

（二）案例名称：云网创新助力战疫——火神山、雷神山"云监工"项目

1. 案例背景

2020年1月，新冠疫情在武汉暴发，救助患者刻不容缓，国家防疫指挥部决策，建造火神山、雷神山两座医院，分别以10天和12天完成任务，为了让关注此项任务的人们第一时间了解施工现场的动态，1月25日，中国电信接到任务，在最短的时间提供直播服务，让密切关注新冠疫情的全球观众，同当"云监工"，见证中国速度和抗疫决心。

"云监工"项目有机集成了千兆光网、5G、MEC智能视频云等电信新技术、新能力，实现了光速部署，向全球观众提供了安全、可靠、高质量、高并发的陪伴式实景直播。通过24h高清直播体现了中国电信自主产品的稳定性，为新冠疫情防控工作提供有力的技术保障，充分彰显国有企

业维护国家的大局意识和迎难而上的担当精神。

2. 解决方案

（1）技术方案

本项目依托全光网优势，在火神山医院、雷神山医院2个目标地址快速开通千兆入云光纤专线，并将光端口速率配置为上行不限速，实现光纤承载的"一跳入云"，14h完成部署。"一跳入云"后，云上服务保障分为3段，分别为MEC智能视频云、央视频编播发审云、智能CDN云。图5-2为火神山、雷神山"云监工"项目实施示意图。

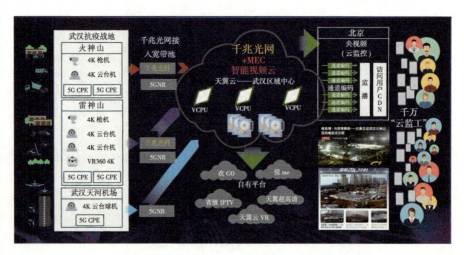

图5-2　火神山、雷神山"云监工"项目实施示意图

天翼云与合作生态云构成的混合云智能CDN，将央视频编播发审云生成的"云监管"直播流服务推送到全国100余个边缘节点，为千万"云监工"提供就近访问服务，承受了超高并发访问请求，改善了用户的慢直播收视体验。在为央视提供实时推流的同时，多路分发，为天翼超高清、天翼云VR、省级IPTV等自有业务平台提供推流，在进一步扩大受众的同时为企业带来流量收益。

保证云安全采用共担责任模式，中国电信与央视共同守护"云监工"网络信息安全。依托天翼云的云安全节点形成云安全网络，保障网络及应用安全。尤其是天翼云独有的 DDoS 高防，在特殊时期保障武汉抗疫网站安全方面发挥了巨大作用，切实落实安全播出责任，保障了 100 天的安全流畅直播。

（2）应用场景

如果说火神山、雷神山的"云监工"开启了慢直播的元年，那么随后"双千兆"+云网融合的应用创新，则在科技战疫中全面开花，推动了医疗行业在远程会诊、AI 辅助诊疗等方面的发展，不仅可以让全国专家异地会诊，还可以让智能的云 AI 用科学严谨的算法辅助诊断，让更多的人得到及时救治。

火神山、雷神山施工完成之后，"云监工"的直播间从火神山、雷神山医院施工现场转移到了龟山和蛇山的长江两岸，全国人民也通过云直播看到武汉这座新时代的英雄城市渐渐恢复了生机。从邀请亿万网友参与"云监工"，到帮助国家卫生健康委员会向世界传递中国防疫经验的"云会议"。从广州旧村改造的"云直播"，到天翼看家服务，让贵州农村的留守儿童、留守老人和家人实现零距离云团聚。从武汉大学校园到珠峰大本营，天翼云直播让全国 600 万名网友实现了"云赏樱、云登顶"。

千兆光网助力天翼视联网的发展，累计接入视频终端 3000 万台，通过云 AI 的不断自我学习，越来越智能的"云眼"给每一个摄像头装上了"大脑"，通过人形跟踪、智能分析、声光告警提醒在河边游泳的儿童、找到未戴安全帽的工人、识别进入电梯的电动车。

3. 应用成效

虽然新冠疫情期间施工条件受限，但利用云网协同、安全可靠、秒级开通、"一跳入云"、弹性扩容等特点，中国电信在最短的时间内完成了项目交付，后期的扩容、优化调整等工作都在云上远程操作，大大减少了工作人员进入危险区域的安全风险。仅用不到7天的时间便利用"双千兆"网络协助医院成功"激活"火神山医院50多套信息化系统，实现远程会诊、云上阅片等智能化功能，这在国内医疗系统尚属首次。火神山医院也成为我国第一座建立在"云上的医院"。基于中国电信庞大的基础网络设施，这种模式可以快速复制到其他可能发生的紧急公共事件当中。

安全的网络架构，配合云上快速部署能力，体现了"大平台+新技术+快媒体"的全新传播学属性，是光网改变社会的鲜活案例。透过"云监工"的窗口，既让全国人民坚定了抗疫的信心和决心，也让全世界的网民见证了中国的基建奇迹，同时也展现了数字"新基建"的独特魅力。"云监工"直播在2020年获得了中国新闻特别贡献奖。

（三）案例名称："双千兆"光网助力中交第四航务工程局有限公司打造首个5G智慧工地指挥调度平台

1. 案例背景

建筑行业是我国国民经济中的重要物质生产部门和支柱产业之一，在改善居住条件、完善基础设施、吸纳劳动力就业、推动经济增长等方面发挥着重要作用。建筑行业也是一个安全事故多发的高危行业，工程施工环境恶劣、工作劳动强度大、危险性高，耗时耗力。近年来，在国家、各级地方政府主管部门和行业主体的高度关注和共同努力下，建筑施工安全生产事故逐年减少，建筑施工质量水平大幅提升，但形势依然较为严峻，为保证建筑施工质量安全，仍不可掉以轻心。如何全方位加强建筑施工现场安全管理、降低事故发生频率、杜绝各种违规操作和不文明施工行为、提高建筑工程质量，仍将是摆在各级政府部门、业界人士和广大学者面前的一项重要研究课题。

中交第四航务工程局有限公司是中国建筑业综合实力100强企业，综合实力位于南方同行前列。市场遍布全国及世界多个国家和地区，承建工程项目2000多个；随着"双千兆"网络技术的发展和多领域应用成果的推广，中交第四航务工程局有限公司积极求变，2021年与中国电信广州分公司合作了多个智慧工地项目，更是在2022年通过"双千兆"网络的助力，共同打造了首个5G智慧工地指挥调度平台，并不断升级优化，将被动管理转换为主动管理，全面提升施工现场管理效率、管理水平、管理质量，为科技化、数字化、智能化转型奠定基础。

2. 解决方案

（1）技术方案

项目提出以1个平台——5G智慧工地指挥调度平台，1张"双千兆"网络，拓展 N 个业务系统的解决方案。充分利用"双千兆"网络技术及时采集施工过程中的人、机、料、法、环等关键要素的动态信息，利用PON、云计算、BIM等技术实现施工现场海量数据的实时上传、汇总、分析、展示，并植入大数据及AI能力，使得工地管理模式和服务模式从传统的单一、被动和低效的模式逐步转变为统一、主动和高效的全方位智慧管理模式，快速建立工地"管理+服务"的智慧体系，从而实现从传统工地到智慧工地的转型。中交第四航务工程局有限公司建筑工地网络架构如图5-3所示。

平台系统分为前端数据采集子系统、网络传输系统和后端集中管理平台三大部分，前端数据采集子系统通过"双千兆"网络、物联网等技术，

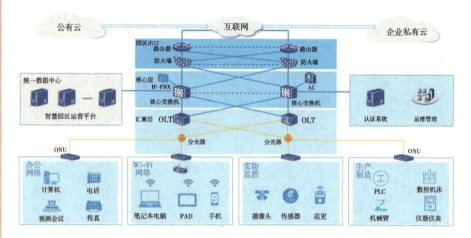

图5-3 中交第四航务工程局有限公司建筑工地网络架构

将施工机械运行状况、工地现场环境、进出工地人员信息和施工管理人员工作情况等数据上传至MEC边缘节点，进而传输到后端集中管理平台上；后端集中管理平台能够汇聚各子系统的数据，过滤出有效信息，以直观可视化的方式将有效信息提供给项目管理者，帮助其管理和辅助决策。

在智慧工地中，采用千兆光网技术实现端到端毫秒级高清传输，海量算力靠近用户，提供了低时延、大带宽、安全隔离的云网底座，提供了连接、计算和服务三大类边缘业务能力，保障了龙门吊及塔吊机视频监控的移动高清视频实时回传，提升了安全帽识别及反光衣识别等AI识别的精准度。

工地内的塔吊机监控、龙门吊监控、闸机等提供的监控视频、图像通过千兆光网上传到电信天翼云平台，将监控平台、BIM平台、渣土车管理平台、建设者管理平台等应用接入天翼云，实现智慧工地可视化管理。

（2）应用场景

① PON技术对危险性较大的工程的智能监测

中交第四航务工程局有限公司属于线性工程建设单位，承办的施工场地大部分都处于偏远山区，环境复杂，给采用传统双绞线、交换机组网带来极大的挑战。在室外施工场景中，存在双绞线易受雷雨天气干扰及取电困难等难题。采用 PON 组网技术可以避免强电磁干扰，实现户外施工场景的可靠传输。

② 塔机智能安全服务系统

塔机智能安全服务系统是独立塔机的安全监测监控系统，其主要应用于塔机防超载、特种作业人员管理、塔机群塔作业时的防碰撞等方面，以减少安全生产事故发生，最大限度地杜绝人员伤亡。网络方面，在塔机脚架基座处安置一个分光器的光缆交接箱，通过将6芯铠装光缆拉至塔机顶端驾驶室，在驾驶室内布放 ONU 及 Wi-Fi 发射器，供塔机上面的传感器、AI 摄像头的信号传输。

③ 盾构机可视化平台

该平台解决了盾构机施工中的信息同步与数据孤岛等问题，这里需要一个强大稳定的网络来支撑，而盾构机施工环境非常复杂，且里面的电力设备很多，电磁干扰严重，所以传统的铜缆或者5G很难达到盾构机可视化平台信息实时交互的要求，采用千兆光网技术，将光缆从管井直接布放到盾构机上，同时为了解决盾构机前移、光缆接续问题，在盾构机上安置了缆盘，这样可以随着盾构机的前移，不断地释放光缆。

3. 应用成效

本项目是广东省内首个"双千兆"网络助力的智慧工地项目，推动了"双千兆"网络，特别是 PON 技术在智慧工地领域中的应用，有效满足智慧工地网络安全、低时延、大带宽等应用需求，是建筑行业智能建造的创新尝试，也是积极响应国家"新基建"科技革命的号召。

"双千兆"网络助力的智慧工地项目，旨在推动绿色建造、快速建造、优质建造和智慧建造等先进建造体系，实现人、建筑和自然环境协调发展，提高建造流程效率，完善工程建设技术标准体系，促进建造过程智慧化和精细化管理。

第六章
数字金融

一、行业背景

（一）行业基本情况

金融业是现代社会经济发展的重要支柱之一，在国民经济中发挥着重要作用，金融业的稳健运行直接影响着经济建设和社会稳定。发展数字经济对中国具有特殊意义，已成为新常态下中国经济发展的新动能。当前金融业与信息化和网络化紧密联系在一起，各种交易和清算可以全球全天候进行，交易者不再受地域和市场分割的限制，许多传统的在线下交易场所中展开的金融活动被搬上了网络平台。以千兆光网为底座的新一代金融网络服务包括了银行、信托、保险在内的多个金融业态，有力保障了金融交易的及时性、安全性、准确性，为国民经济增长打下了坚实基础。

根据我国国家标准《国民经济行业分类》（GB/T 4754—2017），数字金融主要服务于金融业，金融业包含货币金融服务（代码66）、资本市场服务（代码67）、保险业（代码68）和其他金融业（代码69）4类，具有支付和清算、融通资金、风险管理、调节宏观经济等多重功能。

（二）行业需求

银行、证券等传统金融行业具有组织结构众多、分支管理复杂等特征，亟须运用信息化技术手段搭建平台来统筹管理各分支节点及下属机构。若采用传统网状结构云专线组网或传统星形结构组网，均会面临投资成本高、网络结构复杂、维护成本高、访问效率低下等问题，这使得金融行业企业难以管理各分支节点和下属机构，从而严重影响了行业发展。

结合金融证券行业的交易特征，运用信息化手段搭建的金融交易平台需要包含两方面功能，一方面是快速分析市场行情数据，指导用户进行交易；另一方面是实时接收市场行情信息和保障客户发出的交易指令能快速到达交易所。同时，金融业平台需要具有强大的灾备能力，以应对随时可能产生的各类风险，保障国民经济利益不受损害。所以，金融行业需要同时具备极速、稳定、智能、便捷等特征的高品质专有网络。

（三）千兆光网解决行业痛点

从带宽能力上来看，千兆光网的超大带宽特性满足金融业对于业务数据分析、安防监控等多种功能一网统筹的需求；从灵活性上来看，以千兆光网为底座搭建的金融业专网支持灵活调整带宽，可针对各金融网点紧急情况的大流量实时视频调度需求，灵活按需弹性伸缩线路带宽；从稳定性上来看，与传统金融业网络相比，千兆光网具有更低的抖动和丢包率，满足金融业交易中高频率的信息传递需求，并且对视频通信和图像传输等业务有极强的保障能力；从经济性上来看，以千兆光网为底座的新型金融业专网避免了各金融网点复杂的网络设备建设和高成本维护，进一步降低了组网成本。

（四）千兆光网行业规模化应用分析与总结

千兆光网具有超大带宽、超低时延、安全可靠等特征，基于千兆光网搭建的金融业网络正逐渐占据更多市场并取代传统组网，结合新一代信息技术可满足金融业对网络极速、稳定、智能、便捷的需求。

不断迭代的信息网络技术将推进金融业及金融业关联企业重塑传统产业，破局新兴产业，实现数字经济与实体经济的融合，带动各行各业结合自身业务特点，寻找自身业务痛点，推进企业降本增效，实现"横向到底、纵向到边"的全方位拓展，迈向全流程、全智能、全光网的数字经济时代，以千行百业数字化产业升级为新机遇，构建数字经济底座。数字经济可以推动各类资源要素快捷流动、各类市场主体加速融合，利用新的信息网络技术打造数字经济和实体经济融合发展的标杆，筑牢数字经济"新基建"底座，推动金融企业由小变大、由大变强、由强变优，促进金融行业蓬勃发展。

二、案例介绍

（一）案例名称：国有大型银行二级网改造项目

1. 案例背景

近年来，随着金融云战略的发展和行业集中管控趋势，银行传统组网已不再适应发展需要。在业务层面，传统网点到总行的业务路径，设备至少经过6跳，经过二级分行汇聚进一步增加了时延，影响了SLA（服务等级协定），所以二级分行会逐渐成为三级分行和网点的瓶颈，网络如果不可靠，将影响二级分行以下业务的稳定性；在运维层面，一级分行、二级分行、支行、网点网络管理权限分散，提高了网络日常运维的难度；在组织层面，公司也提倡扁平化管理，从而提升经营层次，降低管理成本，提高经营效率。

目前，中国工商银行、中国农业银行、中国银行、中国建设银行浙江省分行、全省9地市分行，各分行及网点采用租用运营商区内线路接入各自二级分行进行汇聚，再通过二级分行到省分行干线线路接入省分行业务系统，实现业务互通。银行网络由现网三级网络架构［接入（支行、网点）、汇聚（地市二级分行）、核心（省分行）］向扁平化组网改造。

扁平化组网改造后，省分行可对全省所有支行、网点实行统一管理和维护，降低网络建设成本，以及降低维护难度和维护成本。取消二级分行汇聚节点，可以避免汇聚节点单点故障，缩小故障影响面。

2. 解决方案

技术方案

支行及网点部署OTN传输设备，采用双光纤分别上联至异地传输汇聚机房。同理，省分行部署高性能、大型的OTN传输设备，采用双光纤分别上联至传输核心机房，直接接入核心设备，避免单光纤、单汇聚、单核心情况下的单点故障，提高网络可靠性。地市传输网分别接入省干传输网，由省干传输网汇聚接入杭州传输网。银行扁平化组网如图6-1所示。

图6-1　银行扁平化组网

四大银行省分行传输设备通过双路由连接到浙江移动两个不同的传输核心机房，进而接入杭州OTN传输网。地市支行、网点设备通过双路由连接至地市移动机房侧传输设备，进而接入地市 OTN 传输网。

3. 应用成效

网络架构改造有效地提高了专线收入，并降低了银行的整体运营成本。首先网络架构改造充分满足了银行扁平化组网的刚性需求，使跨地市专线数量增加了 10 倍以上，同时降低了运维成本，特别是银行二级分行的机房运营和设备、人力的投入成本下降了 90% 以上。其次，网络架构改造满足了银行业务发展需求，如人脸识别等视频化、集中化业务场景的大带宽需求。

（二）案例名称：OTN 助力国盛证券有限责任公司数智化转型

1. 案例背景

1990 年，上海、深圳分别设立证券交易所。我国证券行业发生了脱胎换骨的变化，当前万亿行情已经成为常态，据统计，证券交易所每秒交易高达数十万笔。证券行业的高质量发展，不仅要求网络超低时延，还需要故障秒级切换，保障业务无中断。在证券行业中，具有高可用性、低时延的网络对证券实时灾备尤为重要。

根据国盛证券有限责任公司监管要求和业务需求，公司近年来持续加大信息技术投入，明确"科技赋能，加快数字化、智能化转型，驱动 IT 与业务融合发展"的发展总目标，坚持"夯基础、补短板、谋突破"的原则，强化以用户为中心的 IT 体系建设，充分应用大数据、人工智能、云计算等技术赋能金融业务发展，着力提升客户体验和运营效率。随着科技力量的不断投入，国盛证券有限责任公司数据中心面临的问题也在不断放大，运维难度大、运营成本高、资源利用不平衡、安全管理能力弱，运维人员的压力也在激增，亟须新的运维模式和工具进行支撑。

2. 解决方案

以 OTN 精品专线助力国盛证券有限责任公司灾备中心的网络升级，将客户两地三中心数据机房及江西省内各营业部网点之间的线路全部升级、改造为 OTN 精品专线，在网络优化前后，本地数据同步时间从原来的 11h 缩短到 5h，异地数据同步时间从原来的 34h 缩短到 15h，并且数据容灾热备时延小于 2.5ms，满足监管要求。OTN 精品专线结合国盛大数据应用、日志实时分析平台、快速封禁恶意 IP 以满足系统容灾要求。智能化决策升级，将南昌作为总点，各营业部作为分支点，安全自动化指令能快速响应，从而保障核心数据的完整性和私密性。面对外部网络安全问题，以云堤提供三大特色服务，通过攻击监控、攻击防御、分析溯源，保障客户网络安全。通过整体的解决方案，降低客户的运维压力、保障内网安全，实现数智化的快速升级。

3. 应用成效

基于江西电信提供的 OTN 精品专线和云堤防护，国盛证券有限责任公司提出以网强业加快数智化快速转型，建设运营中台，使整个技术中台全方位安全稳固。在此基础上推进系统整合，简化业务流程，消除信息孤岛，实现集中交易 5min 内完成同城和异地灾备，系统应急一键切换。

与原有的 MSTP 线路相比，本方案彻底改变过去依赖 8 人同时操作 0.5h 才能完成的人工切换落后局面。同时，进一步向智能运营升级，优化网点功能，逐步推出了网上开户、交易策略工具、24h 在线客服等数字化新业务，大幅提升客户体验和业务办理效率，降低运营成本和运营压力，释放人力，彻底解决营业部业务办理时间过长和无人办理的难题，推动分支机构数字化转型。通过应用OTN精品专线，不断优化客户网络结构，推动整体时延降低30%，让高频交易无忧。通话客户监测能力得到优化，异动消息能够及时触达，如开户失败提醒、通知时延从15min降到10s。

第七章
智慧城市

一、行业背景

（一）行业基本情况

当前，全球经济加速向以网络信息技术产业为重要内容的经济活动转变，信息化网络正深刻地改变着人类的生产和生活方式。城市作为人类生活和社会发展的重要载体，也受到新型网络信息技术的影响，智慧城市建设日渐成为现代城市发展的新模式，面对人口、资源、环境等多方面社会问题，智慧城市提供了一份现代化、智能化的解决方案。

根据我国国家标准《国民经济行业分类》（GB/T 4754—2017），智慧城市产业服务属于公共管理、社会保障和社会组织门类及水利、环境和公共设施管理门类。智慧城市可对民生、环保、城市服务、公共安全、工商业活动等多个行业需求进行智能响应，利用信息通信技术手段感知、分析、监测，整合城市运作过程中各项关键信息，实现城市智能管理和运行，为社会经济平稳发展和人民幸福生活保驾护航。

（二）行业需求

当前，我国城市现代化建设初具成效，但在城市管理、社会发展、人民数字生活等方面仍存在一些问题并亟须解决。在城市管理方面，伴随政府治理的现代化和数字化转型，传统基础设施无法有效支撑智慧城市发展,如何利用各种信息通信技术提升资源运用的效率、优化城市管理和服务、提升广大百姓生活幸福指数成为转型的关键。在社会发展方面,新型智慧城市进入全面发展、应用深化、场景驱动阶段,云网协同、万物智联、数字孪生城市成为发展趋势,远程医疗、高清视频、在线支付、"城市大脑"、协同联动等智慧化创新应用不断涌现,如何构建一张能够支撑各类智慧化创新应用的城市网络成为智慧城市建设的重点。在人民数字生活方面,网络互联的泛在化、高速化,信息处理的智能化、协同化,计算技术的高能化、量子化等,推动着人类生产生活方式全面数据化。在智慧城市建设中如何利用新一代信息技术关联和平衡城市各种复杂系统成为城市整体发展的重点需求。

同时,互联网深入渗透现代城市生活,也为智慧城市建设带来诸多挑战。以城市治安管理为例,随着互联网等信息技术的发展,犯罪手段也呈现出多样化、隐蔽化、智能化的发展趋势,公安系统现有数据已无法满足工作要求,如何在城市发展过程中利用信息化手段保障城市居民生活财产安全,也是智慧城市建设过程中的一个重要课题。诸如此类的挑战在智慧城市建设和发展过程中屡见不鲜,需要政府联合相关产业一同交出答卷。

(三)千兆光网解决行业痛点

以千兆光网为基础构建的政务网络,凭借毫秒级的超低时延、微秒级超低抖动、超低丢包率,以及大带宽、高可靠性、高可用性、高智能的承载能力,提升一体化政务服务平台的运作效率,提升政府治理现代化水平。以千兆光网为基底搭建的城市网络依托超大带宽支持视频监测各级道路、公交站点、车站广场、加油站、银行、场馆、小区等场景,支持容纳、传输海量的城市安保治理信息，服务城市治理工作；支持为公共服务、综合交通、绿地水系等场景提供物联感知，保障城市治理。

同时，千兆光网助力构建全光智慧城市，以确定性连接对人、事、物等要素进行全方位的"数字赋能"，构建线上线下融合、数字孪生、精准研判、跨部门联动的数字社会三元空间，将技术优势与城市发展跨界融合，发挥网络效应和规模效应，使能场景创新、应用创新，在创新数字生活方式、带动信息消费、支撑高质量公共服务、构建现代化治理体系方面发挥了不可替代的战略性作用。

云网融合成为当前发展的重要方向，云网融合能更好地提供综合智能信息服务。基于城市智能承载网、智能光网络、智能接入网的资源优势，结合计算中心建设，实现以云为核心、网随云动、云网融合，满足城市政务服务、企业服务、民生服务的需求，助力城市快速发展。

（四）千兆光网行业规模化应用分析与总结

随着新一代信息通信技术引领融合创新浪潮，智慧城市成为城市发展的新形态，在城市规划体系中，开展和加强信息通信基础设施规划的重要性更为突出。当前，各地都在积极推进智慧城市建设，推动"互联网+"与道路交通、平安城市等城市管理，以及与电子政务、远程教育、医疗卫生等公共服务的深度融合，通过信息通信手段提供便捷、高效的服务，促进公共服务均等化。

加强智能基础设施建设是未来智慧城市发展的重要工作。依托千兆光网与云计算、大数据、网络切片等新技术融合，建设城市感知设施系统，形成集约化、多功能监测体系，打造城市全覆盖的数字化标识体系，构建城市物联网统一开放平台，实现感知设备统一接入，集中管理，远程调控和数据共享、发布；着力打造地上地下全通达、多网协同的泛在网络，构建完善的城域骨干网和统一的智能城市专网。

同时需要着力建设安全可信的网络环境，建立安全态势感知、监测、预警、溯源、处置网络系统，打造全时、全域、全程的网络安全态势感知决策体系，加强网络安全相关制度建设。

二、案例介绍

（一）案例名称：上海全光智慧城市

1. 案例背景

当前数字化正以不可逆转的趋势改变着人类社会，深刻变革全球生产组织和贸易结构，重新定义生产力和生产关系，全面重塑城市治理模式和生活方式。《中华人民共和国国民经济和社会发展第十四个五年规划和2035年远景目标纲要》明确提出，要加快建设数字经济、数字社会、数字政府。上海市政府印发的《关于全面推进上海城市数字化转型的意见》也提出："到2025年，上海全面推进城市数字化转型取得显著成效，国际数字之都建设形成基本框架。"《上海市全面推进城市数字化转型"十四五"规划》指出，建设立体高速信息网络，以5G、千兆光纤、卫星互联网等建设为基础，加快构建天地一体化覆盖的数字城市信息网络体系，持续提升"双千兆"网络能力。千兆光网等新型基础设施在全球数字化浪潮中扮演着越来越重要的角色，成为城市数字化转型的坚实底座。

受OTN覆盖不足、综合部署成本高等问题所限，OTN仍主要应用于政务、金融等头部政企的数字化场景，如何让OTN带来的品质体验真正普惠千行百业，实现光网产业的进一步繁荣发展，成为上下游产业积极探索的核心问题。

2. 解决方案

（1）技术方案

2021年4月，上海移动率先提出了建设全光智慧城市的发展目标，全面推进全光网的建设，联合华为打造超大带宽、超低时延、先进可靠的全光城市架构，支撑上海城市数字化转型，建设"全光智慧城市全球第一城"。这张全光网拥有全球最大规模的OXC的全光城域网、超大规模的OTN，包括35个OXC的城域全光节点和超过500个OTN节点，不仅可以为企业客户提供超高可靠性、超低时延、超高品质的政企专线服务，还具有绿色节能的突出优势，大幅减少站点能耗。

● 超低时延：支持上海城区1ms、上海外环2ms、上海全境3ms的稳定低时延圈，同时构建了0.2ms的浦东金融时延圈，支撑金融客户迈入毫秒时代。

● 极快接入：依托综合业务接入区的500个OTN节点，光纤基础网已覆盖超过1.1万栋A/B类商务楼宇，市区企业接入距离缩短到100m，支持企业客户专线天级开通、秒级带宽提速。

● 智慧云光：依托高品质全光网，支持企业"一站全光接入，一跳直达云端"，云光一体匹配各行各业的品质上云需求。

● 智慧运营：开放网络能力，支持全在线的电商化运营，为企业客户提供"所见即所得"的崭新业务体验。

上海移动以千兆光网为底座，构建城区1ms时延圈，全面提升上海城市的运力水平，并实现运力与算力的广泛协同，就如同城市1h交通圈所带动的巨大经济效应一样，1ms时延圈也将全面拉动上海数字经济的高速增长。

（2）应用场景

上海全光智慧城市已被广泛应用于金融、政务、医疗等行业，为企业提供OTN精品专网服务，助力上海城市数字化转型。

① 数字治理

上海政府在发展"一网通办""一网统管"、雪亮工程、智能安防和政务云化改革时，建成一张基础雄厚的城市千兆光网，支撑电子政务外网，解决了网络性能提升、带宽加大、数据集中、专网整合的问题。该网络使用OTN技术，采用"一网双平面"架构，不仅解决了政府光纤资源不够、网络安全性不足等难题，还为网络赋予高可靠性、简运维、易扩展等性能，构建起城市数字化转型全光基座。

② 智慧媒体

上海是全球主流媒体的汇集中心，媒体行业的数字化转型也在加速。目前，超高清视频直播成为媒体报道竞争力的关键体现，但超高清视频直播要求视频数据和码流无压缩实时传输，对传输网络提出较高要求。上海移动助力青浦广播电视台开展了媒体数字化转型，实现了室外直播、导播车、无人机和室内演播厅的视频流统一无压缩上传到云端，进行视频制作、渲染、云媒资存储和多渠道分发，显著提升了超高清视频直播的服务能力，为观众带来了更好的视频观看体验。

3. 应用成效

目前，上海移动构建了全球最大规模的OXC全光交叉城域网，全网共35个光调度节点，相较于传统电层光—电—光的转接方式，2021年该方式节省了190个200Gbit/s的波长转接端口及相应的机房能耗，大幅节省了建网投资。同时，上海移动全面践行责任，推进绿色节能减排，计划用2～3年时间完成万套老旧 SDH（同步数字体系）、低性能交换机等的退网，预计节省能耗30%。

（二）案例名称：基于千兆光网+5G 的智慧城市全场景应用项目

1. 案例背景

中新天津生态城（以下简称"生态城"）是中国、新加坡两国政府战略性合作项目，是世界上首个国家间合作开发的生态城市，肩负了中国、新加坡两国创新探索的使命。经过15年的建设，生态城从一片盐碱荒滩蜕变成如今的现代化新城。在城市基础设施建设的过程中，生态城以提升整体科技氛围与环境品质、吸引高新科技企业和高素质人才入驻、提升居民生活品质、建设能复制可推广的智慧城市建设样板为目标，大力投入以千兆光网为底座的新型基础设施建设，并以模块化产品为导向，用技术催生产业发展新动力，用智慧构建城市建设新内涵，将生态城打造为全域幸福、和谐、创新、乐享的美丽家园。

以千兆光网和5G 为代表的"双千兆"网络为生态城用户提供了移动和固定网络千兆接入能力，提供了超大带宽、超低时延、超高可靠性的网络服务，成为生态城新型基础设施建设的承载底座。OTN 建设更是构建了生态城智慧城市"信息"传输大动脉。

2. 解决方案

（1）技术方案

天津移动持续引入千兆光网、5G、云、IoT（物联网）等技术，支撑生态城搭建完整的智慧城市生态建设，实现数据的实时采集、实时传输、实时计算、实时处理，将智慧城市的算力与运营商基础运力深度结合，全面改善了生态城内居民的民生问题。生态城智慧城市整体组网架构如图7-1所示。

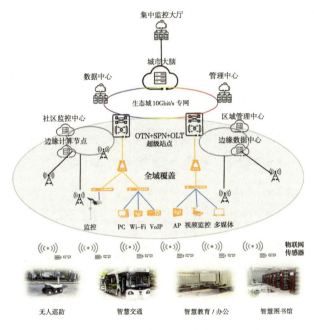

图7-1　生态城智慧城市整体组网架构

生态城智慧城市建设体系以"双千兆"全域协同覆盖为底座，包括5G基站、5G组网、全光社区、全光楼宇、监控专网、数据专网等各类基础设施。以光为骨，在生态城内通过搭建"双极"OTN精品专网对各能力中心进行连接，以超低时延实现各中心的数据、能力协调，构建"数字大脑"基础，进一步通过OTN锚点下沉，区域内部署4个"超级站点"，站点内同时部署OTN、SPN及OLT设备，结合预覆盖，将算力输送到社区、商务楼宇、灯杆、安防探头等各节点，实现千兆光网全域覆盖。

垂直行业及物联网方面，以5G为触手，同时通过5G基站全域覆盖实现各传感器、摄像头、智能灯杆、车辆、路灯、井盖、交通灯的全连接，并通过 SPN 在"超级站点"形成与千兆光网的协同，实现覆盖、连接、计算的深度融合，形成智慧城市算力+运力的最佳实践。

（2）应用场景

① 大数据应用

项目实现了生态城天地空一体化的全域全要素数据汇聚能力，平台已汇集了时间序列高分辨率遥感、倾斜摄影、城市街景、政务地图、2.5 维地图、北斗定位、手机信令等多源城市感知数据，并与生态城 16 个部门单位的 57 套信息化系统进行了无缝对接，形成四大基础库和七大领域特色库，共 765 个数据集，数据汇聚平台的系统接入比例达 95%，信息资源部门间共享率达 100%。基于规范化数据审批流程，数据汇聚平台以安全的数据服务方式，为生态城城市大脑系统、智慧交通平台、CIM 平台、智慧消防综合管理平台、智慧社区平台等 19 套应用系统提供数据支撑。

② 全域 CIM

生态城是被住房和城乡建设部列为 CIM 平台建设试点城市之一。依托 CIM 平台的底层数据，建立具有监测评估和辅助决策分析功能的智慧规划系统。在控规（控制性详细规划）层面，对城市的居住空间、产业空间、综合交通、开放空间，以及公共服务设施等方面展开监测评估；在城市发展空间拓展、街区更新改造、用地优化调整、设施选址、交通组织等方面为政府部门提供决策参考，实现对房屋管理、配套设施、房屋安全、价格预警、土地状态、在建项目等点位的智慧管理。

③ 低碳战略实践

搭建覆盖全域的综合能源管理平台，连通风能、水能、热能、光能等能源感知设备，通过人工智能技术分析能源使用率，结合实时环境条件自主调节能源使用量，有效降低非必要能耗并减少碳排放量，促进多元能源聚合与统一协调优化，实现全类型能源的精准管理。

④ 立体化监测

打造天地空一体化千兆光网+5G立体巡查系统，将5G基础网络设施、固定感知设施与无人车、无人机、机器人等移动巡逻设备连通，实现对水体、空气、土壤等环境状态监控，安保、消防等应急事项处理的有力支持。

3. 应用成效

2020—2021年，生态城智慧城市相关合同金额超4000万元，实现了产业发展和经济效益的双促进。对于政府，引入23家企业参与千兆光网相关项目的研发实验，新注册企业15家，带动新增300余个岗位；对于运营商，域内深入连接C端客户4700个家庭；对于产业环境，中新天津生态城已与中移（雄安）产业研究院、中国石油化工股份有限公司等多家企业签约，共同打造产业孵化环境。

（三）案例名称：打造新型基础设施"全光底座"——基于P2MP（点到多点）技术建设"智慧城市"的创新实践

1. 案例背景

当前，行业数字化转型进程不断加速，全国4100万中小企业正面临数字化转型升级的诉求，包括营销（网络门户营销、搜索引擎营销、社交网站营销）数字化、支撑系统（电子化办公、E-Mail、远程培训/会议）数字化、核心系统（供应链及生产线）数字化及全面（组织、流程、理念）的数字化等；同时新兴的科技产业蓬勃发展，如智慧医疗、远程教育、VR/AR 游戏、工业控制、云端服务、数字政务等，均对企业的专线互联/上云的网络有很高的诉求，要求高品质、固定带宽、稳定低时延的"确定性"网络服务。

2. 解决方案

（1）技术方案

江苏联通首次引进 OTN P2MP 技术，构建起"1+2+3+4"新型多业务综合接入体系架构，OTN P2MP 网络架构如图 7-2 所示。

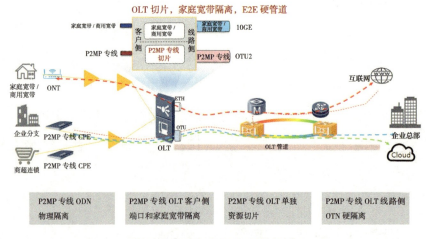

图 7-2　OTN P2MP 网络架构

● 打造 1 个综合接入体系：本方案通过复用现有的 OLT 机框、增加 P2MP 线路板上联 OTN 精品专线网络、向下用 P2MP 支路板连接新型专用的 P2MP CPE，形成一体化的综合接入体系。

● 拉通 2 张网：本方案首次将 ODN 与 OTN 政企精品专线网络两张网络拉通，既利用了 ODN 的广覆盖优势，又具备 OTN 精品专线网络的高品质特征。

● 面向3类客户业务场景：本方案可同时用于家庭客户、楼宇商企客户、政企客户，根据不同客户的需求提供多样化品质的网络服务。

● 具备4项网络增值能力：通过端到端的统一管控，本方案可以提供网络的时延预估、业务天级快速开通、网络 SLA 品质可视、网络带宽随需调整4项网络增值能力。

该技术结合了"OTN 的5A级高品质""ODN 的广覆盖优势"，可大幅降低 OTN 在接入层的部署难度，满足楼宇/园区内中小企业低成本、高品质网络连接的要求。本项目实现了跨越接入域和传输域的业务统一管理，通过 SDN（软件定义网络）网络管理实现业务端到端开通和运维，同时能够为客户提供电商化的体验，方便中小企业能在线申请业务、业务自助调整、业务性能可视等，大大提升客户的感知。

（2）应用场景

① 楼宇/园区快速覆盖、提供高品质专线

OTN P2MP 专线利用无源接入段 ODN 实现 OTN 专线的快速覆盖，在 ODN 上实现硬管道、确定性时延的楼宇/园区高品质专线，如图7-3所示。

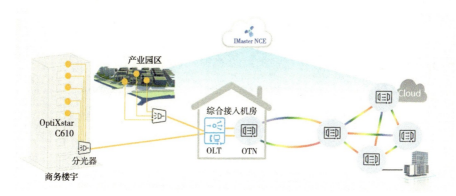

图7-3　楼宇/园区高品质专线

② 数字安防，快速建网

海量摄像头接入光缆，资源消耗大，OTN P2MP 方案可以为数字安防提供大带宽、快速建网、省光纤的方案，安防专网如图 7-4 所示。

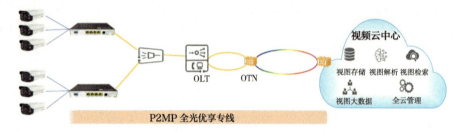

图 7-4　安防专网

3. 应用成效

本项目自 2021 年 6 月至 9 月在苏州和南京完成了现网的试点，2022 年上半年已经在苏州工业园区完成全面商用部署，其功能完备、性能优异、实用性强，可规模推广商用（当前已让超过 300 家中小企业收益）。

经过对比测试，新型 OTN P2MP 专线的时延稳定在 1.4ms、抖动为 1μs，吞吐量达到 100%，优于传统 PON 互联网专线，同时 OTN P2MP 专线具备了 SDN 化业务秒级开通、自助调速、网络 SLA 品质实时可视、时延地图等网络功能。

OTN P2MP 方案构筑的千兆光网全光底座，具有超大容量、超低时延、超高可靠性、超快部署、超智慧运营的特征，同时大幅降低了 OTN 高品质专线的部署成本，为中小企业提供了用得上、用得起的"确定性"网络，为推进产业数字化转型、智慧城市建设、助力各类"新兴应用"的蓬勃发展打下了坚实基础。

（四）案例名称：首都全光智慧城市标杆

1. 案例背景

进入数字时代，网络互联的泛在化、高速化，信息处理的智能化、协同化，计算技术的高能化、量子化等，推动着人类生产生活方式全面数据化转型。新一代信息技术成为关联和平衡城市各种复杂系统的关键要素，技术驱动城市整体发展方式的智能化转型。全光智慧城市将技术优势与城市发展跨界融合，发挥网络效应和规模效应，使能场景创新、应用创新。

北京市提出建设全球数字经济标杆城市的发展目标，聚焦数字产业化、产业数字化，实施促进数字经济创新发展行动纲要，推动数字经济与实体经济深度融合、政府服务与市场参与高效协同，形成局部突破向全面迭代更替演进，实现全方位、全角度、全链条、全要素数字化转型，打造具有国际竞争力的数字产业集群。《北京市国民经济和社会发展第十四个五年规划和二〇三五年远景目标纲要》明确提出，要提速数字经济"新基建"，实施新型基础设施支撑行动，以信息网络为基础，推进传统基础设施的数字化转型和智能化升级，超前部署创新基础设施，夯实北京城市大脑应用基底。全光智慧城市将全面推进北京成为引领全球数字经济发展的6个高地，即城市数字智能转型示范高地、国际数据要素配置枢纽高地、新兴数字产业孵化引领高地、全球数字技术创新策源高地、数字治理中国方案服务高地、数字经济对外合作开放高地。

2. 解决方案

（1）技术方案

2022年年初，北京移动建成了全球首个"千站"OTN全光城域底座，覆盖超过3000栋商业楼宇、10000个社区且服务290万个家庭用户和2100

万个移动用户,全面助力首都数字经济发展,为企业、家庭、个人客户提供快速接入和高品质的专线服务。北京移动全光城域网连接多个国家和地区,北京既是中国移动国际政企专网的最核心枢纽,也是中国移动传输一级干线东部环、西北环、东北环、超高速环的最重要交换枢纽。北京移动全光城域网具有以下4个方面的领先优势。

● 极简架构,通过适度超前的全光城域网规划,实现了全城超低时延、超广覆盖的OTN快速光接入能力,构建了核心区0.1ms、中心城区0.25ms、核心区到城市副中心0.5ms、全城2ms的时延圈,低时延接入能力领先全国一线城市。

● 超大带宽,在城区和郊区全面实现200Gbit/s的规模部署,满足各类用户的超大带宽传输业务需求,通过大幅提升单波传输带宽实现整网的绿色节能。

● 灵活调度,核心城区部署了25个OXC全光交换节点,采用32维灵活调度系统,实现任意节点间的"一跳直达";全网引入VC-OTN小颗粒灵活调度和光子集成技术,支持2Mbit/s~100Gbit/s可调带宽,通过光电联动大幅提升高等级业务的承载能力。

● 智慧管控,北京移动引入AI、大数据等新技术,部署光网络智能管控分析平台,智能化程度全国领先,全面适配政企客户差异化服务需求。同时积极开展同缆智能识别等创新试点,持续提升业务承载的安全性和可靠性。

(2)应用场景

① 传媒公司超高清视频直播应用

北京某文化集团公司承接冬奥会户外8K大屏直播业务,8K超高清内容源要求网络传输视频无卡顿、无丢包。北京移动为其打造"8K直播+品质专线"的整体解决方案,直连全市16个户外大屏,全程提供超高品质高清直播服务，得到了客户的高度评价。

②银行总部应用

某银行总部有与全国分支机构互联的组网需求，以及各类门户网站、网银 App、纪念币发行等重要线上业务承载需求。北京移动为该银行总行及北京分行开通了 300 多条品质专线，提供硬管道、数字加密、带宽随选等服务能力。

③北京抗击疫情应用

北京移动通过超广覆盖的智慧光网实现了全市无缝覆盖，支撑了北京抗疫行程码、健康宝及相关核酸检测业务，针对抗疫相关业务，用户可以通过任意终端在任何位置、任何时间安全、稳定地进行查询和存储。

3. 应用成效

北京移动全光智慧城市的建设，不仅提升了北京信息基础设施能级，树立了首都全光智慧城市的发展样板，成为北京市的一张亮丽名片，同时在经济、产业、社会效益方面也积累了丰硕的成果。北京移动高品质智慧光网已承载了包括腾讯、百度、阿里等 150 多条 100Gbit/s 专线，助力企业数字化转型。

（五）案例名称：雄安（容东）智能城市光网基础设施项目

1. 案例背景

雄安（容东）智能城市光网基础设施项目（简称"容东光网"）在雄安新区容东片区先行先试，推动构建统一的智能城市专网，探索建立政府非经营性城域网的可行性，着力打造一张大带宽、低时延、高可靠性的城域专网，高标准、高起点、适度超前地布局智能雄安基础网络，为视频一张网、全域物联感知、智能公共服务等业务提供统一的数据传输承载。项目的建设内容主要包括光缆网、综合承载设备、基础资源智能运营管理系统、下一代智能网络操作系统4个部分。

容东光网是雄安城市智能运行的基础。容东光网的逐步建设将促进边缘计算、云计算、超算中心等多元计算体系整体效能的最大限度发挥，实现智能城市数据交换的毫秒级响应，助力打造统一的安全保障体系，为智能城市运行提供安全可信的基础网络环境。

2. 解决方案

（1）技术方案

容东光网全面满足容东智能城市、智慧政府、数字经济、融合创新和信息安全的高质量发展需求。智能终端构建出全域智能化的环境，雄安城市计算（超算云）中心是汇聚城市数据和统筹管理运营的城市大脑，块数据平台建立数据资产管理体系，IoT平台、视频一张网平台、CIM平台等平台实现全域智能化应用的实时可控，健全城市智能民生服务，其中智能城市光网是连接智能终端和雄安城市计算（超算云）中心的"神经中枢"。雄安新区数字城市整体架构如图7-5所示。

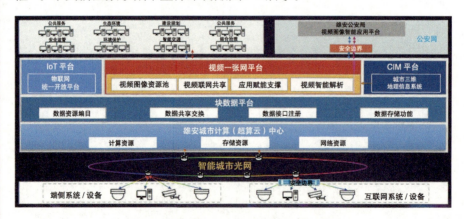

图7-5 雄安新区数字城市整体架构

容东光网引进了4个核心应用技术,具体如下。

● F5G 全光网:实现千兆宽带普遍覆盖、全光连接融入政务服务各领域。

● POTN:打造全光大动脉,业务从小区节点直达核心节点,为雄安政企专线提供"头等舱"服务。

● IPv6+、SDN:实现业务"一跳入云",提供 VIP 个性化品质路由服务。

● 基础资源智能运营管理系统:实现统一部署,一键式管理。

(2)应用场景

容东光网规划建设2个汇聚节点、4个接入节点、210个小区节点,网络接入能力已下沉到最后200m,可满足片区内视频监控、物联感知终端、公共服务设施的网络快速接入需求,着力构建一张"智能承载、高速互联、融合泛在、安全可靠"的城市级先进光网,实现网随云动、云网融合,构筑支撑算力基础资源协同和共享智能城市光网的新型基础设施。

容东片区三大类典型应用场景介绍如下。

① 视频一张网应用场景

容东光网可满足容东片区各社区内近万个视频业务节点的统一接入和智能分析,各局委办共计12类智能应用场景,通过智能上报、结构化应用、行为分析等,提升城市管理效能。

② 物联网应用场景

容东光网可满足容东片区超16万个物联感知终端的统一接入,聚焦公共服务、市政公用、综合交通、绿地水系四大类应用场景,支撑容东智慧社区、容东多表集抄系统等数十个项目的建设应用。

③数字道路应用场景

容东光网可满足容东片区长153km的数字道路，从感知层、网络层、设施层到应用层，多专业、多层次一体化智能设备的综合接入，助力端到端数字道路全域感知能力的构建，打造全国领先的数字道路智能体系，数字道路应用场景如图7-6所示。

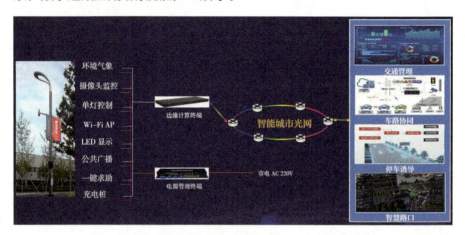

图7-6　数字道路应用场景

3. 应用成效

容东光网构筑新型基础设施和数字强国底座，有效拉动经济增长，催生产业发展，提高就业率。

一是经济效益。容东光网项目的初期投资约为1.2亿元，运营期间每年支出一定的维护费用。初步测算，到2029年，雄安（容东）智能城市光网项目的"建设+运营"支出将小于现行租用链路模式下的财政资金支出，体现智能城市光网的总体优势。

二是产业效益。计划到2025年，容东片区"视频一张网、全域物联感知、智能公共服务接入"三大类业务100%由容东光网统一承载，逐步承载智慧医疗、智慧交通、智慧教育、智慧能源等公共服务产业。

三是就业效益。容东光网项目的建设,解决了一定基础通信行业人员的就业问题,随着光网承载产业的发展方向越来越丰富,结合光网承载雄安"一中心四平台"的城市数字化生态的构筑,势必为中高端人才引领产业创新提供更大的平台。

（六）案例名称：基于千兆光网接入的视频云网的搭建暨"慧眼"场景化规模复制

1. 案例背景

改革开放的不断深入促进了社会人、财、物的大流动,增强了社会变化的动态性,也给公安机关发现、控制和打击犯罪及日常工作带来了极大的困难和严峻的挑战。广东地处粤港澳大湾区,是改革开放的排头兵、先行地,经济总量长期稳居全国第一。同时广东以建设成为全国最安全稳定的地区为目标,2021年目标逃犯到案率、警务透明度全国排名第一,这是广东法治成就的有力诠释。但超级大省的社会治理,也面临着一、二类视频点位需求多、成本高、政府投资建设周期长、社会化分散投资、视频数据共享难等痛点。

根据广东省公安厅的统一规划,建设图像智能应用系统模块,具有全面分析、研判等特点的人员管控系统,能够实现对公安机关重点人员的及时发现、遏制重点人员潜在的犯罪可能性,达到更好地维护社会治安的目的,按照省、市局要求将人脸数据接入省、市局统一应用平台,实现统一应用。

2. 解决方案

（1）技术方案

本项目利用中国电信千兆光网的全覆盖接入能力,全部采用PON接入；发挥100Gbit/s OTN 精品光网的优势进行骨干互联，形成边缘云计算节点间的云间高速。在确保视频云网安全性的前提下，实现地市隔离、全省组网、线路捆绑、域名捆绑、IP 地址动态获取、IP 地址统一规范等完备的组网方案，"慧眼"工程组网架构如图7-7所示。

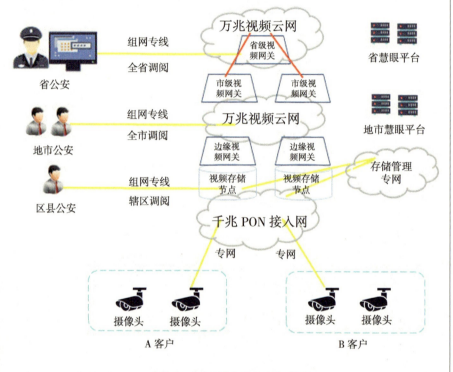

图7-7 "慧眼"工程组网架构

运力方面，上下行千兆高速对等光纤接入上联 OLT，动态调整带宽。算力和存力方面，云化架构充分整合，纳入边缘云体系，云 PE（负责云和数据中心接入的设备）统一接入，SRv6实现"入网即入云"。通过 SRv6基于时延、带宽等约束条件计算最优路径，实现端到端跨域免配置、业务分钟级开通，保障视频业务的体验。调阅效率及存储容量提升百倍，边端推理＋云端训练＋AI 算法仓库支持数据结构化，视频抓取图片超亿张。

（2）应用场景

① 冷链运输

聚焦冷库、冷库货物、从业人员健康和作业规范管理，利用视频物联网、机器视觉、云计算技术，构建智慧冷库监管系统，解决监管人力资源紧缺问题，实现冷库24h动态监管、闭环管理，提升监管效率和水平，中山市冷链应用场景如图7-8所示。通过AI能力提供口罩识别、手套识别和工作服识别，发现违规现象触发告警，具备案例可复制性。通过调用原子能力，可快速支持应用场景，让AI落地解决行业痛点，满足行业客户需求。

图7-8　中山市冷链应用场景

② 省内地市间资源互调

全省一张网，一线汇多云，一脑管全网。广东电信聚焦边缘云算力网络的统一管理、编排、调度等，对云网操作系统进行了先行先试的探索。云调网自动识别全省边缘云资源使用情况，优先从就近城市的资源池分配算力、存力承载新业务，打通终端到云端的本地运力网络。当A市存力资源出现瓶颈和扩容不及时，通过触发网调云策略将A市的视频流应急迁到B市，待扩容完成后再回迁。

3. 应用成效

为提升海量视频数据传输和存储安全保障能力，项目组深入视频领域、国产化适配核心技术，引领公共安全视频监控行业标准，制定国产可控视频监控技术规范。聚焦AI、检测速度及准确性，获得10项实用新型发明专利、2项软件著作权等成果。

经估算，在广东每建设1万路"慧眼"视频监控，可为财政节省资金2.4亿元。构建合作生态，激活发展动能，拉动高清+AI摄像头6亿元的产业链，助力视频监控系统的升级换代，带动产业链制造升级。"慧眼"工程促进社会治理能力的提升，提升了人民群众幸福感、安全感和满意度。

第八章
信息消费

一、行业背景

（一）行业基本情况

信息消费主要指对信息产品和服务的购买、使用过程。随着新一代信息技术和信息产业的迅猛发展，形式多样的信息产品广泛进入居民日常生活中，不断激发新的消费需求，信息消费逐渐显现出带动经济增长的作用。以云视频、云游戏、高清 VR/AR 及智慧家庭为代表的新型信息消费成为日益活跃的新发展热点。根据我国国家标准《国民经济行业分类》（GB/T 4754—2017），信息消费包括批发和零售业门类中的零售业（代码 52）、信息传输、软件和信息技术服务业门类中的互联网和相关服务（代码 64）、文化、体育和娱乐业门类中的广播、电视、电影和录音制作业（代码 87）和娱乐业（代码 90）等。

以超高清视频、高清 VR/AR 为代表的新型视频是目前消费者主要使用的产品形态。相较于传统视频业务，新型视频业务极大优化了用户观看体验，提升了互动性和趣味性，使用户能有沉浸式体验。这类新型视频业务主要有两大发展特征。一是分辨率、动态范围、色域表现、帧率等多维视频质量指标不断提升；二是自由多视角、VR/AR 交互式、沉浸式体验程度不断加强。

智慧家庭是家庭客户服务的数字化升级模式，根据家庭客户信息服务需求的不断提升，家庭客户业务已经由围绕"一根线"的通信管道经营模式，转向围绕"一个家"的家庭数字化、智能化、生态化产品服务平台型解决方案。传统的家庭客户业务仅提供以固定宽带接入为基础的家庭基本通信连接服务，包括家庭宽带业务、固定宽带与移动宽带融合通信业务等，而智慧家庭在传统服务的基础上提供更全面的人人连接、人物连接、物物连接，融合家庭物联网服务，实现场景化解决方案，包括全屋智能、家庭边缘云及应用加速等。

（二）行业需求

当前新型视频类业务蓬勃发展，消费者对高画质、互动性、沉浸式的视频需求与日俱增。在高画质需求方面，视频质量由传统720P/30FPS（帧每秒）向8K/60FPS甚至90FPS发展。8K超高清图像具有超高分辨率、丰富的层次和宽色域的技术优势，其像素总量达到3300万，是4K超高清图像像素总量的4倍。一路8K信号所需带宽约为48Gbit/s，因此8K超高清视频体验需要大带宽+高码率来保证。在互动性和沉浸式需求方面，视频播放呈现模式由传统的用户选择固定视角、单一视角、参与程度低，向自由多视角、VR/AR等新型交互式增强体验方向发展。自由多视角向用户提供多路不同视角信号，可由用户主动选择观看视角，因此对带宽要求相较于传统模式大幅增加。VR/AR用户可以通过真实自然的方式与虚拟环境交互，从而获得"身临其境"的沉浸式体验，但为避免由此可能产生的3D眩晕等体验问题，VR/AR业务要求超低时延（网络端到端时延要求小于20ms）与零卡顿，因此基于VR/AR的强交互视频业务需要高稳定、低时延的传输通道。

智慧家庭具有多样性、复杂性等特点，因此也对带宽能力提出了新的要求，传统的普通宽带已无法为智慧家庭提供可靠、稳定的基础网络服务，因此需要传输带宽大、抗干扰性强的基础网络服务以确保智慧家庭服务部署。另外，智慧家庭服务业务体验要求差异化加大，家庭内部网络质量不够高也已成为影响智慧家庭服务业务体验的主要问题，这些主要问题在于千兆配套组网设备普及度不高、室内 Wi-Fi 覆盖不足、网络差异化管理能力不足，因此急需新的网络管理平台和家庭内部组网方案。

（三）千兆光网解决行业痛点

针对新型视频类业务，千兆光网提供超大带宽、低时延的传输通道，为新型视频业务行业发展提供强大动力，全面赋能新型视频采集回传、视频素材云端渲染、超高清视频节目播出等各个环节。在采集回传环节，4K/8K/VR 摄像机通过千兆光网 ONU 或视频光端机将编码后的数据回传至局端。基于千兆光网的编码推流设备能为各种视频设备提供稳定实时传输，能够满足超高清视频的回传需求。在视频素材云端渲染环节，千兆光网助力超高清视频与 VR 视频回传到云端，通过云化视频软件进行云端渲染制作，并通过高速光传送网进行内容分发。基于千兆光网的超高清视频云端渲染充分利用千兆光网大带宽、低时延、高稳定性等特性，综合云服务器大规模计算与存储能力，使超高清视频云端渲染制作突破传统端侧硬件性能约束，为内容制作方降低了基础生产设备的成本。在超高清视频节目播出环节，局端 OLT 将视频数据传输到视频播放端、存储端、分发端，最终发送至大屏、投影及智能 VR 头戴式显示器等设备。

针对智慧家庭应用场景，千兆光网采用基于 10Gbit/s PON 的 FTTR+Wi-Fi6 技术实现家中千兆光网全覆盖，并通过网络切片与 AI 应用识别等技术为智慧家庭中的差异化服务提供不同 QoS 要求的传输管道。针对智慧家庭中差异化应用，如超高清视频、游戏、普通上网服务、智能家居物联服务等，在 ONU 植入深度包检测与 AI 识别算法，实现秒级的数据采集能力，与 OLT 的质差分析功能协同，将应用从网络流量中识别出来，通过网络切片技术分配最优的 Wi-Fi 通道，同时优化算法，大幅提升 Wi-Fi 的抗干扰能力，实现业务差异化高性能承载。

（四）千兆光网行业规模化应用分析与总结

当前，千兆光网+新型视频应用处于从画质提升到沉浸式互动先进体验的巨大变革转型阶段。针对长短视频，超高分辨率、高帧率正不断普及推广。针对互动性较强的视频及 VR/AR 沉浸式体验视频，克服终端技术突破与产业内容生态培育难点成为行业关注重点。国内三大运营商及相关互联网内容服务提供商分别推出千兆光网+XR 业务和新型终端设备。基于千兆光网的超大带宽、超低时延等特性，新型视频应用将不断聚合资源，积极开拓新的业务模式，促进产业生态链不断发展完善，加速行业推广普及。

在智慧家庭应用领域，千兆光网+VR 游戏、千兆光网+4K/8K 超高清视频、千兆光网+智能家居、千兆光网+家庭教育等应用已开始在家庭落地，并不断形成应用生态。中国电信、中国移动、中国联通均推出了相应的智慧家庭应用套餐服务，通过服务体系化运营和千兆光网+Wi-Fi6 切片技术为智慧家庭用户提供高品质、差异化的网络服务。未来随着千兆光网覆盖范围和千兆宽带用户规模的不断扩大，智慧家庭将通过更强大的云网能力，以更低成本、更高效率满足家庭内住户在休闲娱乐、家居安防、网络社交上的消费升级需求，使家庭生活的幸福感不断提升。

二、案例介绍

（一）案例名称："万兆光网＋算力云"助力多场景行业发展

1. 案例背景

当今社会数字经济蓬勃发展，国家对于算力网络发展十分重视。国家发展和改革委员会、国家互联网信息办公室、工业和信息化部、国家能源局联合发布了《全国一体化大数据中心协同创新体系算力枢纽实施方案》。"东数西算"工程将建设全国一体化算力网络国家枢纽节点和全国算力"一张网"，包括华东4个城市群和4个西部省，规划建设12个时延小于20ms的大型数据中心集群。江苏作为人口和经济大省，是长江三角洲区域一体化发展的有力推动者和实践者，是"东数西算"工程的东部骨干节点。为此，江苏移动规划了5个省级算力中心，承接省内丰富的应用需求。

第1类是通用算力需求，教育在线化、办公远程化，要求远程体验与本地一致；第2类是高性能算力需求，其中又分为实时需求和非实时需求，如影视渲染的非实时需求，电竞行业的实时高性能算力需求场景，通常需要高等级CPU（中央处理器）和GPU（图形处理器），实时需求网络时延要求小于15ms；第3类是实时AI算力需求，如第四次工业革命升级带来的工业视觉质检需求，需要边缘实时算力、云边协同和确定性网络。

2. 解决方案

（1）技术方案

为了实现品质连算，项目通过端到端采用万兆全光网技术，从接入、汇聚到核心，全光网提供品质运力保障，提升整体算力效能，泛在接入实现算力即取即用。通过 OSU（光业务单元）、ODUk（光通路数据单元）技术提升网络利用效率，实现确定性算力保障。采用 OXC、超高速 400Gbit/s 的云间无缝连接，实现算力高品质灵活调度。通过全新的网络架构，打造泛在立体的算网底座。

为满足众多需求场景，江苏移动提供畅享、优享、尊享这3种业务接入方式。畅享主要面向家庭和个人用户接入 CMNET（中国移动互联网），采用全光 FTTx 灵活泛在接入，提升家庭娱乐业务的体验；优享主要面向电竞网吧，采用 OTN P2MP 方式接入，提供普惠性的专线业务，为更多的中小企业提供可负担的高性能业务接入；尊享面向政务及企业，提供端到端 OTN 独享专线，助力企业的核心业务和生产系统上云计算。

（2）应用场景

项目通过算力和万兆光网的融合，面向行业数字化转型蓬勃兴起的新机遇，除以上在政府、教育等行业的各种应用外，还将引入更多的特色及领先的应用场景，打造更多的创新解决方案，服务数字中国建设。

① 智能视频云应用。边缘算力就近存储，中心算力部署管理平台和 AI 分析应用，实现智能安防。

② VR 直播。边缘算力画面渲染，中心算力部署 VR 平台，万兆光网实现高速传输。

③ 医疗 AI 辅助。中心算力实现 AI 分析，万兆光网实现医疗影像数据处理。

④ 工业 AI。边缘算力实现 AI 推理，中心算力实现 AI 模型训练。

⑤ 车联网虚拟座舱。边缘算力基于周围环境完成快速计算，快速下发数据到车机系统。

3. 应用成效

该方案已在多个行业实现规模化应用，在促进信息消费、发展数字经济和壮大新动能方面发挥了重要作用。云 VR+ 专线，提升了学习热情，实现了智慧党建；云桌面 + 专线只有"瘦终端"，没有主机，降低了客户运营成本，目前已发展 9 万台，带动收入 1.47 亿元。云端算力 + 专线一站式服务，面向高职院校，提供了云 VR 实训；面向中小学，提供了云 VR 和"三个课堂"服务，为省内首创，已在江苏全省开展复制推广。"瘦终端" + 云端算力 + 宽带，降低了运营成本和风险，实现了节能减排、绿色低碳。在电竞酒店、网吧等新型需求场景，渗透规模达 1600 余家，带动收入 1.3 亿元。

（二）案例名称：基于真千兆的 HDICT 保障方案

1. 案例背景

中国移动智慧家庭运营中心以"提供高品质、多样化家庭生活信息服务"为目标，以完善智慧家庭信息化解决方案、深化数智化运营转型为主线，深化核心平台、技术能力及基础设施建设，实现家庭市场在拓规模、树品牌、建生态的基础上提价值。在此总体发展思路下，中国移动智慧家庭运营中心提出了 HDICT，即以"三个一"（一张家庭内网、一组智能硬件、一套场景服务）为核心要素的智慧家庭信息化解决方案。

HDICT 具有多样性、复杂性等特点，因此对于带宽能力也提出了新的要求。传统的普通宽带已无法为 HDICT 提供可靠、稳定的基础网络服务，需要大带宽、抗干扰性强的基础网络服务。

真千兆的提出，就是在千兆光网的基础上，重新定义千兆在 HDICT 中应该达到的能力水平，还要将千兆能力延伸至用户端侧，真正实现用户端的千兆感知，有效推动 HDICT 市场不断进化，从而在市场动力上推动千兆城市的拓展壮大。

2. 解决方案

（1）技术方案

为了解决上述问题，需要运营商提供包含"真千兆"底座及保障其稳定地为 HDICT 提供服务的一套无须人工干预的 HDICT 保障系统和保障方案。中国移动智慧家庭运营中心作为网络专家、智慧家庭专家，从网络底座、终端质量、应用质量3个贯穿用户智能场景的重要环节，设计了全流程保障方案，即基于真千兆的 HDICT 保障方案。

中国移动智慧家庭运营中心为下游提供面对前装市场和存量用户市场的 HDICT 产品和整体解决方案，同时在上游向生态厂家提供一站式接入方案。网络底座即真千兆网络，涵盖千兆接入和千兆内网；智能终端则包含了各类希望接入的生态厂家的产品；用户应用则围绕着"和家亲"App 提供用户智能场景的接入和运用。本项目即针对上述3个环节的全流程保障方案，涵盖了针对3个环节的保障方案和技术思路。

针对网络底座的保障方案，主要围绕千兆接入、千兆内网两张网，从品质监控、自愈控制、故障告警3个方面对网络底座进行保障，如图8-1所示。

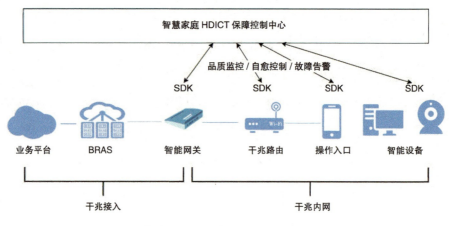

图 8-1 网络底座、内网检测及网络优选保障技术框架

在智能家居领域，各类家庭终端直接面向用户，作为业务载体，其质量在业务表现中尤为关键。HDICT 构建了终端质量保障方案，以统一的家庭终端标准，通过终端数智化工具+终端品质管理平台，全面提升终端检测效率和终端品质。

（2）应用场景

① 全光智连

由 Wi-Fi 连接到泛在连接，由智能组网到全屋智能。在连接方式上，全光智连摒弃了基于 FTTH+Wi-Fi 中继、以智能设备为主要应用终端的传统方案，使用了基于 FTTR 的真千兆泛在连接。在提供全屋无死角的千兆信号覆盖的同时，使用蓝牙、红外、Zigbee 等连接方式，将安防设备、家用电器等更多终端纳入全屋网络。在技术发展上，全光智连已经由智能组网迈向了全屋智能。全光智连通过统一平台对终端设备开放 AI IoT 能力，通过 AI Wi-Fi 为终端设备提供网络支持，保障了高效、准确的智能体验。

② 智慧社区

智慧社区服务场景实现了物业智管、业主智家、政府智治、网格智营

4个应用场景之间的千兆互联,从家庭社区联动、全屋智能、社区服务、社会治理、公共服务等方面共同发力。同时统一泛家庭社区平台,整合各个场景能力,在掌上社区生活、物业管理、社区综合治理、全屋场景、网格运营、AI 赋能六大领域提供千余项应用服务。

③家庭娱乐

终端、业务、场景创新演进,满足多元娱乐需求。与传统方案不同,家庭娱乐不再以电视或机顶盒作为单一终端、以直播点播作为娱乐业务、以客厅作为主要场景,而是依托中国移动强有力的千兆网络,选取音箱+电视+投影仪作为多元终端、增加家庭数字院线+IoT 服务拓展业务领域、覆盖客厅+卧室+书房全应用场景,实现了新形态、新服务、新智能之间的循环互动,保障了多样、便捷的服务体验。

3. 应用成效

基于真千兆的 HDICT 保障方案已申请相关专利12个,通过全网部署,HDICT 终端的平均出厂合格率提升1.5%,HDICT 终端的用户端一次安装成功率提升18%,整体用户满意度均值提升1.84%,助力生态合作伙伴增收超100亿元,助推家庭市场增收超100亿元。

(三)案例名称:以 C 系统+cuLink 打造中国联通智慧家庭三千兆创新产品体系

1. 案例背景

智慧家庭产业起步很早,1998年被提出后,IT 厂商、互联网厂商和电信运营商都投入巨大,形成了多种生态体系和技术标准。虽然行业还在快速增长,但竞争激烈,且突破困难,作为电信运营商,主要面临以下几个难题。一是虽然宽带用户众多，高附加值的智慧家庭用户需求层出不穷，但小米、华为等厂商已经植根多年，电信运营商作为后来者如何找到自己的"杀手锏"，在红海市场占据一席之地是困扰他们的难题之一；二是智慧家庭创新业务场景和新的功能应用大多数依赖泛智能终端，电信运营商在终端硬件领域基础较为薄弱，只能联合行业泛终端厂商打造各项家庭泛智能应用产品；三是智慧家庭网络作为一个半封闭的本地网络，电信运营商需要一个普及率高、网络连接性好的设备作为未来智慧家庭坚实的业务中心。

为了在未来5年能够实现由"一根线"的传统管道经营模式升级为面向"一个家"的数字化、智能化、生态化综合解决方案，项目团队构建以"智能网关 C 系统 +cuLink"为核心的家庭大应用创新体系，发挥端业协同优势，对内赋能实现家庭网络延伸服务，对外协同实现家庭应用能力释放，推出多种智慧家庭网络创新产品及品质服务，从而满足家庭用户所有的刚需，打造"内容＋应用＋终端"创新产品，提供智能生活场景延伸服务，为家庭用户带来全新的业务体验和产品价值，如图8-2所示。

图8-2　中国联通智慧家庭创新业务体系

2. 解决方案

(1) 技术方案

中国联通以家庭网关作为智慧家庭核心业务抓手,通过自研 C 系统智能中间件实现家庭网络和运营商网络的全面管理,家庭连接、计算和协同能力全面调度,充分发挥大网的安全、QoS、边缘计算等能力,以及家庭内部的终端识别、流量束型、Wi-Fi 优化等能力,打造面向智慧家庭的整体解决方案。

(2) 应用场景

① 智能网关 C 系统智能中间件

面向现网 8000 多万 FTTH (光纤到户) 家庭宽带用户使用的光猫设备,中国联通使用国际领先开源 OpenWRT 架构,打造了自主可控的 C 系统智能中间件,将原有的哑网关升级为智能网关。C 系统具备八大功能模块、50 多个底层接口和 100 多个业务接口;生态方面,C 系统和六大芯片厂商、30 多家网关厂商形成技术联盟,适配所有主流的芯片架构,应用在 200 多款网关设备中;智能网关推出八大业务插件,每天调用 C 系统接口过亿次,商用客户千万人次;借助 C 系统,中国联通在降低了网关硬件成本之余,也将创新应用全国部署时间缩短至几周,在全世界 200 多家电信运营商中名列前茅,智能网关 C 系统架构如图 8-3 所示。

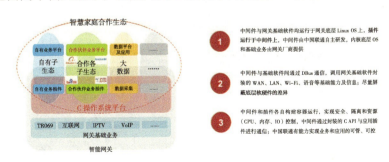

图 8-3 智能网关 C 系统架构

基于 C 系统基座，研发 FTTR 全国集约化统一管理能力，赋能一线省份，对内实现了全网 32 万 FTTR 家庭网络的可视、可管、可控；对外借助用户侧 App 触点能力提供 Wi-Fi 网络优化功能及安全上网、家庭网络拓扑等服务，基于集团研发的"用户触点+终端+平台+应用"全套解决方案，为 FTTR 用户提供了真正的"双千兆"全屋光宽带优质体验，截至目前已累计为集团拉动收入 6 亿元。

② 面向智慧家庭用户创新服务应用

此应用打通了中国联通后端各种网络管理系统，面向智慧家庭用户推出了多种自助服务手段，一是即插即用服务，能够在 5min 以内完成光猫自助配置全过程（原流程约需要 30min）；二是针对宽带、IPTV 业务提供自助诊断工具，用户只需要扫描一个二维码就能连线装维专家解决问题；三是根据用户行为和业务喜好，定位质差原因和瓶颈点，通过向用户推荐自动调整 Wi-Fi 信道、补充组网设备等举措，协助用户更好地提升家庭网络质量，这些显性化服务手段是中国联通提升宽带用户体验的重要举措，属于国内首创，服务千万家庭，特别是在装维人员无法上门时能够继续为千万家庭保驾护航，服务用户数量过百万。

3. 应用成效

此项目作为中国联通智慧家庭领域的重要举措，通过 3 年多的努力已经成为集团智慧家庭事实上的技术标准，输出了 50 多个企业标准，覆盖全国 31 个省份和 9000 多万宽带用户，其成功经验还输出到行业标准、国家标准组织，甚至被国际标准组织采纳，同时基于研发经验，授权多个专利和软件著作，证明了其技术的先进性和合理性；同时，基于此项目，中国联通从集团到省份，已经初步构建了完整的智慧家庭业务体系，其中 C 系统+cuLink 打造了中国联通固网终端产业链，拉动中国联通宽带主营收入 30 多亿元，辐射泛终端产业过百亿；四大服务产品覆盖用户数量超过千万，每月调用次数近亿次，节省用户维护成本过亿元；而四大创新增值产品现网用户数量已经超过百万，通过提供品质宽带、智能家居等全套服务，提升组网收入超过 27 亿元。

（四）案例名称：北京联通 FTTR 冬奥社区宽带组网

1. 案例背景

近几年，家庭大带宽应用发展迅速，如在线网课或者视频会议办公，以及目前快速发展的 4K 视频及 VR 视频，再到云游戏，都需要高品质的 Wi-Fi 覆盖，在线教育要求网络对称型带宽达 30Mbit/s～100Mbit/s，云 VR 业务需要 130Mbit/s 以上的带宽，这些应用对带宽和时延都有着越来越高的要求。中国联通打造全光基座为北京冬奥会提供了大带宽、高可靠性、零丢包、低时延的 8K 超高清承载网络，完美满足了奥林匹克转播服务公司（OBS）视频传送网络带宽需求。如何把冬奥会高清视觉盛宴传递到京城每个宽带家庭用户的观看终端上，则是北京联通倾心攻关的课题。

目前，北京宽带业务速率已达千兆，但根据用户家庭户型的不同及扩展 Wi-Fi 设备能力参差不齐，用户终端实际体验效果大打折扣。根据北京联通长期统计的大数据发现，70% 用户上网申告来源于家庭内部网络问题，实际调研发现，家庭宽带有两个核心痛点。一是 Wi-Fi 覆盖难、干扰大，Wi-Fi 只能覆盖局部区域，盲点多。有数据表明，国内中大户型（房屋面积大于 90m^2）家庭占比 60%，但多个 Wi-Fi 热点的渗透率仅为 4%。同时 Wi-Fi 穿墙后性能大幅下降，且连接不稳定、时延高。二是传统布线不可靠、升级难。现有住宅布放的多数网线只有 100Mbit/s 的数据传输能力,并且网线、电话线和同轴线3线并管,铺设后90%的网线无法升级到千兆线缆,无法满足千兆及超千兆网络的带宽演进。因此需要一种新型家庭组网方式和产品针对如上痛点,从根源上解决用户实际"体验速率"与网络"接入速率"之间的差异,基于全屋一张网的家庭终端的信息获取和主动运维也是重点拓展的方向。

2. 解决方案

（1）技术方案

北京联通家庭宽带支撑团队,与合作厂商一起针对这些需求和痛点,在北京家庭宽带市场率先推出FTTR组网服务产品,利用主从光猫模式的MESH组网替代了原有光猫和组网路由器的独立使用模式,利用光纤取代传统的网线进行Wi-Fi组网,把千兆宽带和千兆Wi-Fi带入每个房间、办公室甚至桌面,实现光纤全连接+Wi-Fi6的全新升级,以支撑家庭的数字化、智能化和信息化。光纤全连接如图8-4所示。

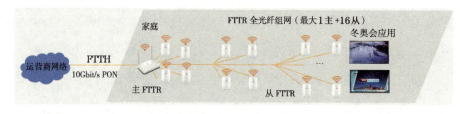

图8-4 光纤全连接

● 使用光纤全连接,代替原有普通网线组网方式,以"1台主光猫+N台从光猫"模式,在每个空间配置一台独立联网的智能网关,实现全域无死角覆盖,为家庭宽带用户提供绿色的全光纤网络。光纤体积仅是普通网线的15%左右,光纤体积小、穿管改造简单;支持透明光纤,走明线不破坏装修,用户接受度高;光纤布放方式多样,不受新旧房型限制,应用空间更大;光纤的原材料是二氧化硅,相比铜制网线更加环保,可持续发展；同时光纤容量大、耐腐蚀，使用寿命长达30年以上。光纤全连接在突破原有网线及千兆端口瓶颈的同时，利用透明光纤也解决了用户网线布线难、不美观的痛点。

● 主从光猫均提供具备160MHz频宽的2×2 Wi-Fi6无线接入能力。与Wi-Fi5相比，Wi-Fi6拥有3倍带宽、4倍容量、1/3时延的能力，减少了拥塞并允许更多设备连接到网络。使用相同规格终端（160MHz 2×2 Wi-Fi6）实测速率可以超过千兆，消除了体验速率与千兆接入速率间的差异。

● 基于分布式架构，实现了全屋无缝漫游，解决了使用多台独立路由器进行组网信号切换时网络中断的问题，使用效果甚至要比使用非常高端的三频无线路由器MESH组网的效果更好。我们对FTTR全光组网与ORBI路由器无线MESH组网进行过相应的对比测试，在Wi-Fi速率对比、漫游切换耗时及多终端并发吞吐性能测试上，FTTR全光组网均有明显优势。

利用全屋一张网的基础优势及FTTR设备厂商提供的网络管理能力和接口能力，打造运营商级别的智能运维，实现家庭网络的可视、可管、可维护，降低故障率，提升服务品质。

（2）应用场景

① 发展千兆冬奥社区

冬奥组委授牌的冬奥社区是北京联通三千兆社区的代表，以冬奥社区为试点打造FTTR全屋光网络，提供独享1000Mbit/s宽带接入服务、1000Mbit/s 5G移动接入服务和FTTR全光组网提供的1000Mbit/s Wi-Fi无线接入服务，畅享冬奥高品质宽带。

② 上门检测，私人定制

北京联通推出网络上门检测服务，客户只需一键预约，即可获得北京联通智慧家庭工程师的专业检测服务，北京联通智慧家庭工程师与客户沟通需求，了解家庭成员上网习惯和网络布局并进行现场评测，为不同的家庭户型、不同的布网方式定制私人专属FTTR组网方案，提供最佳的上网体验。

3. 应用成效

北京联通FTTR组网服务自2021年5月发布，经过2021年星火计划和2022年"联通智家－臻·1000M"全光点亮优惠活动，全面促销推广，至今已经发展超过4万个用户，每个用户平均收入（ARPU）值增长76元，在业务增长和效益增加上有很好的效果。已使用FTTR组网服务的用户反馈良好，相较于其他终端，使用FTTR组网产品的用户故障率降低近65%，用户体验明显提高。

目前已利用FTTR厂商自有管理平台接口能力赋能装维助手App进行简单FTTR设备诊断，同时赋能客服诊断系统，查询相关状态和设备信息，客服人员和运维人员可第一时间掌握用户家庭网络连接情况，从而进一步进行故障分析定位。对北京联通而言，FTTR将成为实现家庭宽带业务差异化、精细化运营，打造家庭网络品牌，提升ARPU值的一种有效手段；同时也为发展智慧家庭、新互联经济提供必要的支撑。除在家庭组网场景中的应用外，FTTR还非常适合商务楼、园区等企业局域组网的场景的应用，可帮助运营商由广域网延伸到局域网，提升企业用户的黏性。

（五）案例名称：以五星千兆宽带FTTR推动"双千兆"发展，满足家庭全屋高速上网需求

1. 案例背景

当前，人们对快速、可靠、低时延连接的千兆网络需求不断增长，网

络质量和可靠性成为消费者关注的重点。通过对家庭宽带故障投诉进行深入分析，目前80%的家庭宽带用户痛点在家庭内部组网方面，影响消费者网络体验的四大瓶颈具体如下。一是Wi-Fi带宽有限。家庭组网介质落后且受材质、工艺影响大，无法承载较大带宽，网络体验不稳定。二是传统Wi-Fi信号易受干扰。由于不同路由器间信号互相干扰情况严重，同时开启多个上网业务容易卡顿、掉线。三是漫游切换不智能。家里有好几个Wi-Fi热点且彼此之间无法实现智能切换，导致视频通话、扫地机器人等业务频繁中断。四是Wi-Fi覆盖不全面。FTTH的光纤只能到弱电箱或某一房间，Wi-Fi穿墙后性能大幅下降，70%的家庭只能做到80%的Wi-Fi覆盖。

山东联通切实履行责任，为彻底解决上述用户痛点、难点，在"千兆网络再升级"的基础上，将千兆产品、家庭组网、布线服务融为一体，创新推出了宽带"星级标准"，以五星千兆宽带业务服务千家万户。五星千兆宽带以FTTR为技术底座，通过将光纤布设到每一个房间中，实现全屋达到千兆网速，真正实现家庭内部千兆Wi-Fi全覆盖，彻底消除传统组网方式的弊端。同时，针对用户家庭的不同需求进行个性化定制、安装，围绕家庭数字化消费升级，加快智家产品融合演进，让每个人在房间的每个角落，每时每刻都能享受到稳定的极致体验。

2. 解决方案

（1）技术方案

山东联通创新推出五星千兆宽带全光家庭组网方案。以FTTR为技术底座，通过家庭ODN提供室内全光介质组网，将光纤延伸到每个房间，其传输速率和传输距离不再受穿墙衰减影响，提升了室内Wi-Fi信号覆盖的稳定性和可靠性，并且最大支持256个终端连接，为下一步全屋智能打下坚实基础。FTTR 是继 FTTH 之后的第二次光改"革命"。

FTTR 组网主要由主光猫、从光猫、分光器、光纤、光纤面板五大类设备构成，其中主光猫、从光猫均为带 Wi-Fi6 路由功能的一体机，FTTR 组网拓扑结构如图 8-5 所示。

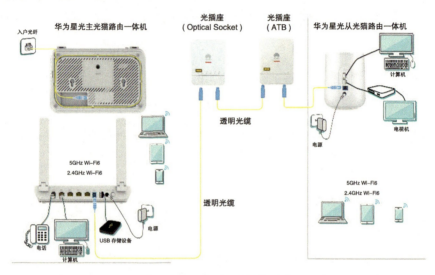

图 8-5　FTTR 组网拓扑结构

● 主光猫：通过 10Gbit/s PON 上联 OLT 设备，支持千兆入户，向下提供千兆光纤接口连接从光猫。主光猫作为家庭网络中心，可以实现对所有从光猫的统一管理和配置；全屋 Wi-Fi 统一名称，双频合一，自动控制漫游切换。主从光猫的连接方式除光接口外，还提供 GE 接口和 Wi-Fi6 接入，并在光纤不可达时提供替代接入方式。

● 从光猫：为室内分布式 Wi-Fi 接入设备，分布到家庭各个房间，向上通过室内光纤连接主光猫，向下提供 Wi-Fi6 和 GE 接口并接入上网终端。从光猫通过主光猫代理接入家庭网络管理平台，由主光猫统一分配管理 IP 地址及下联设备的 IP 地址，使整个家庭网络构成一张统一的、可互通的局域网。各个从光猫下接入的终端设备之间可以基于超千兆带宽实现投屏、文件分享等局域网互访操作。

● 家庭 ODN 光网组件：是使用专用工具和专用辅料部署的由分光器、光纤、光纤面板等辅材构成的室内光传输基础设施。光纤以其易部署、高强度、大带宽、高可靠性等优势成为构建家庭组网的最佳方案。室内光纤网络的部署，同时兼顾施工的便捷性、高效性，以及与室内装修的一致性、美观性。前装市场使用面板式 AP（无线接入点）契合装修风格；后装市场使用透明光纤，布线美观且无感知。

（2）应用场景

① 家庭 DICT 智能再升级

针对前装和后装家庭消费者的不同需求，项目以智慧家庭为切入点，形成"平台+网+应用"的业务模式，围绕家庭数字化消费升级，满足智慧家庭新业务、新体验、新需求的融合演进，促进智能家居场景的全面化升级。

② 赋能全光智慧社区转型

打造全国首个基于全光网的高端住宅社区项目，将住宅的智能化、科技化理念与山东联通网络、技术的领先优势结合在一起。在建筑伊始就将智慧家庭设备多链接、广覆盖的网络底座纳入住宅设计规范，打通 FTTH 到 FTTR 的关键一步，实现了全屋千兆 Wi-Fi 无缝覆盖，引领改变住宅行业的一系列标准和规范。

3. 应用成效

作为建设数字山东、智慧城市的主力军，山东联通实现了全国首发五星千兆宽带、全国首创体系标准、全国首建全光社区，率先发布了 FTTR 全光产品，使山东省成为全国 FTTR 第一省，助力千兆发展。山东联通于

2021年5月发布了FTTR全屋千兆光纤产品，并公开承诺"全家三千兆、Wi-Fi慢必赔"，旨在解决家庭网络痛点和难点，将高品质网络体验带给更多家庭。

以强大的技术底座、全场景融合方案，打造家庭全场景融合应用方案，助力家庭市场智能升级，带动智慧家居产业效益超5亿元，在13个城市建成标杆，涵盖56个全光社区，服务家庭用户数量超20万。技术逐步升级，同步拓展到行业应用市场中，赋能中小企业数字化转型，助力企业实现降本增效，如企业上云、智能制造等行业市场领域拉动超过8亿元社会消费。不断落地新型合作模式，异业间形成合作共赢，异业联合拓展，助力千行百业数字化转型。在三大行业开展异业合作，签约合作企业15家，整体经济效益初显成效。

在住宅人居方面，建成了全国首个全光智慧社区崂山壹号院，重新定义了科技化、智能化、未来化的住宅行业新标准，让未来社区的样子从理想照进现实。首批覆盖343户高端住宅，未来可扩展3万户，下一步将与全省50余家中大型地产公司进行合作，打造高端千兆全光精品科技住宅社区。

（六）案例名称：湖北电信千兆光网在"微醺"经济领域的创新应用与实践

1. 案例背景

2021年10月，湖北省人民政府办公厅印发《促进夜间文化和旅游消费若干措施》，促进夜间文化和旅游线上消费，加快夜间文化和旅游消费场所的智慧化、数字化改造，推动移动支付全覆盖。2022年5月，工业和信息化部发布《关于印发加力帮扶中小微企业纾困解难若干措施的通知》，开展中小微企业数字化转型"把脉问诊"。鼓励大企业建云建平台，中小微企业用云用平台，云上获取资源和应用服务。

目前，我国60%的消费发生在夜间，夜间经济作为促进消费的重要方式，各种消费渠道遍地开花。酒吧行业对推进夜间经济发展有着举足轻重的作用，是夜间经济的一个重要增长极。当下，酒吧业如何在激烈红海竞争中保持竞争力，脱颖而出，需要从自身特色与定位出发，迎合消费新趋势，通过产品创新与空间场景再造切入这一赛道，挖掘"微醺"新商机。

2. 解决方案

（1）技术方案

本项目采用FTTR组网方案，商户FTTR组网架构如图8-6所示。

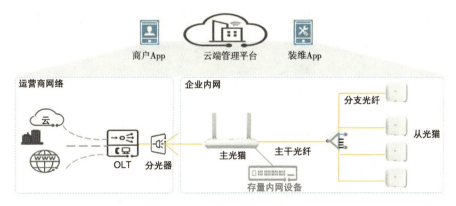

图8-6　商户FTTR组网架构

FTTR主网关位于OLT与从网关之间，向上通过光网连接OLT，向下提供光网连接从网关。FTTR主网关下行接口可同时支持以太网口、Wi-Fi，可实现安装区域的网口连接或Wi-Fi覆盖。实现Wi-Fi成网，无缝漫游。FTTR从网关匹配业务发展需求，提供更便捷的接入方式、更好的接入质量保障。

基于FTTR的千兆光网+智慧中台的创新应用与数字化管理，挖掘FTTR的创新黑科技，通过芯片级数据孪生、多切片数据训练，在故障定位上实现了$7×24h$流量回溯、根据流量风暴预警可优化网关点位，实现连接数动态管理功能。

（2）应用场景

"千兆光网智慧酒吧解决方案"由湖北电信和华为联合推出，依托中国电信的天翼视联网，利用智能视频云平台强大的AI能力，对摄像头采集的数据进行分析，包括通过人脸识别、体温检测等获得的数据，输出结果，并且无缝对接平安城市、雪亮工程等社会治理平台，让政府监管更智慧、治理更高效，提升酒吧的安防水平。

3. 应用成效

湖北电信2021年已经完成武汉3家海伦司酒吧试点，升级后的酒吧为用户提供了更快乐、安全的消费体验，酒吧客流、成交量得到提升，单店单日营业额增加了7%。目前在全市推广，下一步计划在全国进行合作推广。

数字社会的未来形态是万物互联，向这个目标前进的过程中，会存在万物光联、万物数联、万物智联3个阶段。光纤凭借大容量、高可靠性、绿色节能等突出优势，成为目前网络连接最佳载体之一，可应用于千行百业。除智慧酒吧场景以外，湖北电信还在其他领域加快千兆光网应用探索。2021年10月，湖北电信武汉分公司与武汉市装饰协会合作，签订了战略合作协议，在装修、地产领域进行推广。本项目在2022年获评全国首届"光华杯"千兆光网应用创新大赛全国二等奖。

（七）案例名称：基于云宽带的光网创新应用

1. 案例背景

当前，我国千兆光网建设已进入"二次光改"阶段，只需在网络端与用户端进行设备升级，即可实现从百兆网向千兆光网的跨越，因此我国千兆宽带的用户数量也得到了大幅度提升。目前，我国千兆光宽水平和用户数量已稳居全球前列。在推动宽带发展方面，上海电信启动了"城市光网"建设，推动"光进铜退"。2016年，上海电信又率先规模启动10Gbit/s EPON建设，完成10Gbit/s EPON建设流程的打通。2018年，上海电信在完成超大规模接入网和城域网协同建设这一超级工程的基础上，成功实现全市范围内FTTH网络升级，实现千兆光网的全城覆盖，由此建成全球"千兆第一城"。目前，上海电信千兆光网宽带用户数量超560万，千兆覆盖100%，用户占比近20%。

尽管上海电信提供的光宽带已进入千兆时代，但受限于过长的互联网访问路径，端到端的应用体验效果难以得到保证，带宽优势受限。不同用户（老人、学生、自由职业者）、不同细分场景（游戏、办公、监控等）个性化应用，涉及定向访问优化、对超低时延的需求，仅靠带宽增加无法满足用户的需求，因此亟须一种新型的宽带技术与服务模式，以满足宽带用户日益增长且差异化的网络服务需求。

2. 解决方案

（1）技术方案

传统宽带采用基于光猫的软硬件平台，无法提供具有复杂功能的业务应用，同时，该平台上的生态链不完整，应用品类较少。而伴随应用上云的大趋势，云端将有成熟、完善、丰富的应用生态，可利用云端应用生态赋能宽带网络。当前电信主要采用天翼网关进行 PPPoE 拨号实现用户的上网业务，如能将天翼网关的 PPPoE 拨号、IP 地址分配、终端上网功能，上移到"边缘云"，把光信号转换功能保留在天翼网关上，即可进一步实现宽带用户上网终端"软硬分离"。基于 NFV/SDN 技术的云网关给出了答案，通过统一编排、控制器管理，将能为用户提供更加高速和灵活的云上计算能力。

在云宽带项目整体架构中，通过云化家庭或企业内部网关，让用户局域网范围得到延伸，由城域网数据中心交换机与云内网关建立大隧道连接，用户流量直达边缘云，与云内的互联网应用形成大二层架。用户拨号由云内网关集中处理，纯内网环境，不依赖公网，无暴露面，提供高级别安全保障。云网关拥有优秀的包转发技术，对基础硬件深度优化，充分发挥云化优势，使能报文高速率、高性能转发，同时因为大隧道优秀的带宽能力，可以将多用户流量集中处理，统一数字化、智能化运维。云网关管理平台与基础网元解耦化部署，通过南北向接口实现业务部署、业务开通、策略下发、数据上报等功能。

云网关基础资源平台具有在云上就能完成宽带业务账号的拨号功能，简化光猫的业务服务功能；提供灵活的网络和流量的调度，在基础业务网络层面完成云和网的连接，按照不同业务属性对用户流量进行灵活的分发；对局域网环境进行拉通，实现云上业务向家庭局域网内的覆盖，并为局域网内的终端云化创造所需的网络环境。以云网关综合管理平台为核心，建设云化网络及业务能力，通过"网+云"的智能协同，支持云网融合业务快速迭代上线、秒级开通及智慧化运营，提供一站式云网融合服务，是整个云网关系统的"大脑"。

云宽带的算力由边缘云构建实现。边缘云重构了以上海地区数据中心为核心组网的网络，建设的云边协同的新型信息基础设施架构，通过部署业务云、IT 云、CT 云、MEC 边缘云等，打造云网融合产品，提供数字化、网络化、智能化的集成创新行业解决方案，形成云网端到端实践案例。目前上海已有 13 个边缘云主资源池算力节点和 8 个拉远节点，构建遍布全市的边缘算力，实现了每个区都有 1～2 个主节点的设计规划。边缘云类局域网的内网服务通道，合作伙伴的应用可以快速、低时延、安全地触达用户，实现就近、高质量的分发，为合作伙伴创造更大的价值。用户可以就近地接入、快速获取到合作伙伴的应用服务，获得更佳的服务体验。

（2）应用场景

基于千兆光宽的基础设施 + 云网关创新技术底座，针对不同人群的应用场景，发挥千兆光宽大带宽、低时延、多切片的优势，首批推出多个创新应用。

① 智家硬盘

智家硬盘基于家庭光宽带、边缘云资源、云网关，为家庭用户提供"极速、安全、便捷、共享"的数字存储服务的产品。利用边缘云资源，实现内宽速率，传输不受限。智家硬盘实现在计算机端直接挂载，无须下载客户端。

② 绿色安全上网

以云网关能力为基础，通过公安提供的涉诈涉黑特征库，采用先进的技术，结合云网关高效的网站安全过滤引擎，向用户提供安全上网分析报告和涉诈涉黑网站拦截服务，打造洁净的上网环境。

③ 亲情守护

基于云网关能力，通过在云侧部署行为分析系统和拦截库，主动适配市场主流 App 及各类黑名单库，实现云网协同的策略管理。为家长提供一系列远程管控，引导学龄儿童健康上网，防止沉迷网络。主要面向 K12

学生家长、对上网时间和应用有控制需求的用户。

④ 游戏加速

依托云宽带和云边协同服务体系，针对用户玩游戏时卡顿、掉线、登录困难等痛点，提供的网络保障类产品。同时突破性地实现了一键操作，多终端、多游戏同时加速，使用户体验大幅提升。

⑤ 云计算机

云计算机是面向个人/家庭用户推出的一款云服务产品，它依托于强大的公有云平台和先进的桌面虚拟化技术，以客户端的形式把云端计算机集成到移动终端，实现主机在云端，手机、PAD、PC、一体机、IPTV、"瘦终端"等多终端随时访问、使用。

3. 应用成效

上海电信的云宽带及增值业务上线后，一个月内发展了10万名用户，到2022年年底用户数量达200万，宽带及相关业务收入贡献超过5000万元。

云宽带是中国电信对传统宽带的升级，更加综合、更加智能、更能满足用户个性需求、更具生态合作空间，为家庭、企业提供更多的综合信息服务能力保障，为互联网业务的丰富和感知提升提供更好的能力支撑，改变了以往仅通过扩大带宽来实现提速升级的单一路径，使宽带在未来演进中有了更多的发展方向和更大的发展空间。

（八）案例名称：云南电信基于流量AI切片技术的场景化千兆业务创新

1. 案例背景

随着宽带网络技术的发展，宽带应用也逐步丰富，从单纯的浏览网页、下载,逐步衍生出高清视频、实时交互业务,如直播带货、组队游戏等复杂场景。但不同应用的网络承载需求具有较大差异,所有应用数据交织在一起,将互相产生干扰,影响客户使用体验。因此,宽带发展需要从"卖带宽"向"卖体验"转变,从"同质化"向"差异化"转变。如何提高客户使用体验,解决使用痛点,满足应用差异化的使用需求,是未来宽带业务发展的新方向。

对于电信运营商来说,同质化竞争、提量不提价、用户投诉宽带体验差是最大的痛点。对宽带用户而言,千兆宽带与千兆体验不匹配是最大的使用痛点。根据2021年中国互联网发展报告,视频、游戏、网络教育是当前规模最大的3个场景,不同场景对网络能力的要求具有明显差异。直播带货商城相关方反馈视频卡顿,Wi-Fi下接入终端不稳定;游戏用户经常反馈时延高,网络丢包率高;家长反映不能控制孩子上网行为等问题。如何实现应用特性和网络能力关联是亟须解决的一个关键问题。

2. 解决方案

(1)技术方案

本项目采用 AI 技术实现业务识别。通过动态流检测技术(DFI),应用特征识别算法,实现视频、教育、游戏、社交等类别的200多款主流 App 及游戏平台的业务识别。首创轻量级 CNN(卷积神经网络)算法、模型压缩技术,应用分类准确率大于95%。通过 Wi-Fi6 切片、系统级芯片加速引擎和 Wi-Fi 优化算法,并使用独创的高增益全向天线,全面提升抗干扰性,实现更多的接入数量,不同切片分别承载不同业务,互不干扰。

此外,本项目创新终端+网络相结合的应用识别和流量管理功能,运用核心网络的 DPI(深度包检测)+DFI 技术进行样本采集,实现应用级的识别库建模，终端通过应用识别和Wi-Fi6切片实现流量差异化承载，有效提升用户使用体验，充分释放千兆光网的性能。结合网络质差分析的智能运维体系，实现用户侧问题的精确定位，不上门即可处理各类疑难问题。

千兆网关实现应用级别的千兆网络流量管理能力，将应用从网络流量中识别出来，通过切片分配最优的Wi-Fi通道，同时优化算法大幅提升了Wi-Fi的抗干扰能力，实现业务差异化承载。将应用特征和网络性能关联，解决不同应用场景的使用痛点。应用识别功能不仅提升了用户体验，同时实现了对家庭网络资源的充分高效调度。

本项目通过将网络流量导入AI训练平台，由平台实现对应用特征的学习训练，并生成应用特征识别库，通过网络管理系统在线升级千兆网关，实现应用识别能力升级。通过千兆网关探针实现秒级的数据采集，与OLT的质差分析功能协同，将运行信息归集到云管理平台上，实现家庭网络的可管、可视，问题精确定位，提升千兆光网智能运维能力。上门服务的次数降低70%，故障处理时间压缩到15min。

（2）应用场景

① 直播宽带

2020年，云南电信全国首创推出的直播宽带业务有效解决了直播商城密集Wi-Fi、超强干扰环境下的直播掉线、音画不同步等问题。目前已经在云南的玉石市场、花卉市场、茶叶市场等直播基地取得了很好的客户口碑。同时也在全国多个省份获得推广使用。

② 游戏加速

游戏场景需要的网络特性是时延稳定，在没有应用识别加速时，时延的波动是很明显的，应用识别加速后，时延则非常稳定。云南电信通过和腾讯等第三方配合，叠加加速器后实现网络端到端的全程加速，提供了更优质的体验。直播、游戏场景都是利用应用识别的网络加速能力。

③ 绿色上网

针对家庭教育场景，家长需要管理孩子的网络使用行为，解决沉迷网络问题。而传统的家长控制机制只能实现简单的断网功能，只堵不疏，难以培养孩子正确的上网观念。应用识别不但实现了在线教育App的稳定使用，还实现了六大类100多个App的网络控制，设置特定应用、特定类别、特定时间段，能够更科学合理地让孩子享受互联网的便利，避免沉迷网络。

3. 应用成效

云南电信场景宽带项目以用户体验提升为核心理念，基于千兆光网打造场景宽带业务，目前已经进入发展上升期，产品价值较普通千兆每月提升30元，应用识别能力也在不断进化，累计实现16类2500多个应用的识别。云南电信家庭千兆网关目前已加载了对最常用的300多款应用的识别功能。本项目在2021年获评ICT中国创新奖最佳技术创新应用奖。中国电信也凭借场景化创新获得2021年世界宽带论坛（BBWF）年度最佳数字家庭运营商奖。

第九章
交通运输

一、行业背景

（一）行业基本情况

交通运输业是国民经济的基础性、先导性、战略性产业，也是重要的服务性产业，国家交通运输水平与国民经济发展情况紧密相关。根据我国国家标准《国民经济行业分类》（GB/T 4754—2017），交通运输业包括铁路运输业（代码53）、道路运输业（代码54）、水上运输业（代码55）、航空运输业（代码56）、邮政业（代码60）等种类，覆盖了客运、物流、快递等多个重要领域。

信息化建设是现代交通运输业发展的重要支撑和保障，是实现交通运输业发展转型的客观要求，是推进交通运输业"转方式、调结构"的重要抓手，是提高行政效能和公共服务能力的有效途径。借助信息化手段可实现交通运输业的快速、高效、集约发展，促进形成资源管理最优化和公共服务规范化的现代交通运输体系。

（二）行业需求

在交通运输业向智能化、绿色化、安全化发展的过程中，数字化转型是必经之路，而在已有的交通网络中，信息化建设标准不统一、网络带宽低、稳定性不足的问题凸显，以至于如ETC（电子不停车收费）系统、交通视频智能分析、高精度地图、人工智能、物联网等先进技术无法有效开展，网络传输成为整个交通运输业信息化发展的瓶颈。同时因为交通网络搭建之初缺乏完善规划，多数已有网络由于通信设备性能参差不齐，面临着维护难、互通难、改造难的问题。此外，地区经济的高速发展，我国高速公路路网的发达及高速公路通信网络的扩容，交通监测数据、语音、图像的井喷式激增，对交通网络的要求越来越高。

物流运输业也同样面临着高速发展带来的一系列问题。物流枢纽是物流运输业的典型场景之一，也是集中实现货物集散、存储、分拨、转运等多种功能的物流设施群和物流活动组织中心，传统物流枢纽管理网络存在的网络运维管理难、终端支出成本高、系统部署控制复杂、系统间兼容性差、硬件资源调度效率低等问题亟待解决。

（三）千兆光网解决行业痛点

千兆光网结合先进的 OTN 技术搭建骨干传输网络，为传统交通运输网搭建全光底座。在此基础上，整合交通线路通信资源，打造交通专网，以提供高效便捷的专网数据传输服务。同时组建多张业务应用网络，满足图像监控、办公数据、交通监测数据及综合业务的承载需求，提升地区交通运输业的服务和管理能力。

千兆光网可支撑解决物流运输业面临的管理难问题。基于千兆光网搭建的智能物流管理专网汇聚跨地理园区的智能物流机器人、园区智能物联网终端及云端智能化管控系统，构建物流枢纽的全连接能力，实现高效的智能化物流作业和智能运营、物业、安防能力。借助端边云协同创新、云控低成本智能物流装备、新一代智能物流信息系统等，支持利用智能物流装备进行商品入库存储、拣选、搬运、分拣等作业，实现物流作业全流程智能化，支撑对物流中心场地、人员、车辆、生产进行高效数字化运营管理，以及智能化生产预测和调度决策，实现物流中心不同设备、过程、系统的一体化联动。

（四）千兆光网行业规模化应用分析与总结

千兆光网不仅为固定通信提供网络连接，而且也是5G、数据中心、物联网等新型基础设施的"承载底座"，它为解决信息孤岛、构建交通运输信息基础网络、支持有效构建综合交通大数据中心体系、加快建设交通体系提供有力支撑。

在技术层面，推动交通运输网与信息网融合。利用云计算、大数据、车联网等先进技术和理念，依托前沿信息化技术，实现交通一体化、运输信息化、系统管理科学化，实现车联网有效渗透和深度融合，是引领智慧交通发展的重要方向。

智能化的交通运输网枢纽借助千兆光网、物联网、人工智能、机器人等领域技术，实现了作业智能化、运营管理数字化、业务一体化。在交通运输产业化应用的进程中，"双千兆"融合专网的不断发展，将进一步推动市场成本和行业成本的下降，提升效益；通过信息互联互通，加强产业各环节融合发展，提升产业服务的专业化、社会化水平，助力区域经济价值链升级。

二、案例介绍

（一）案例名称：海洋渔业空天地海一体化宽带网络信息服务

1. 案例背景

《国务院关于"十四五"海洋经济发展规划的批复》指出，优化海洋经济空间布局，加快构建现代海洋产业体系，着力提升海洋科技自主创新能力，强调依海富国、以海强国，加快建设中国特色海洋强国。多年来，我国一直致力于海洋事业发展，但还远不能满足供给侧结构性改革、创新驱动发展、海洋强国建设等重大战略需求。因此，必须利用新一代信息技术，构建以海洋信息智能化基础设施为核心的海洋信息体系，加快海洋核心智能科技的创新研发，实施智慧海洋工程，为海洋资源开发利用、海洋经济发展、海洋生态环境保护和海洋权益维护，提供全面透彻的信息感知能力、泛在随行的通信保障和精准智能的决策服务，创新海洋治理体系，构筑全球竞争优势，从而全面提升认识海洋和经略海洋的能力。

随着经济建设的发展、"一带一路"倡议的推进，移动互联网、物联网将从陆地向海洋拓展。然而，相较于陆地及近海区域而言，当前海洋信息技术及相关产业仍处于相对落后的情况，存在近海通信资源不足、中远海区域严重缺乏宽带信息网络覆盖、网络定制化程度不高、海洋应急网络体系建设滞后等问题。

2. 解决方案

（1）技术方案

针对我国海上通信"新基建"迫切需求，本项目首次尝试以海域千兆光网为底座，提供一套完整高效、广域覆盖，适合海洋应用形态的宽带基础通信网络和算力系统，支持海洋强国建设。

本项目以全光基础网为底座，构筑空天地海一体化宽带网络。本项目融合了千兆光网、卫星通信、5G、集成动态波束等技术，对海上风电、海上渔场、海洋监管等进行场景设计，将OTN光网延伸入海，组成海域光网，同时海域基站创新性地开发了5G+集成动态波束系统，实现100km半径的超远距离无线宽带覆盖。海洋渔业空天地海一体化宽带网络架构如图9-1所示。

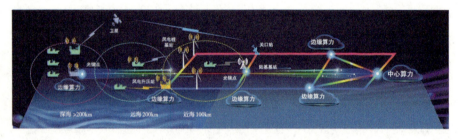

图9-1 海洋渔业空天地海一体化宽带网络架构

在此基础上，本项目实现了光网和海上风电、海上油气等多系统的融合应用，建立了海底观测网系统。另外，本项目还实现了光算一体融合，在网络部署方面实现灵活接入、智能调度和多重路由保护，在算力方面通过云边协同，实现各类算力一网承载。

（2）应用场景

在应用场景方面，本项目实现了技术和场景联动。目前主要场景包括海上风电监测、船舶互联互通、船载高清视频回传、执法搜救、环境监测、航道调度等获得了广泛好评,尤其是极大地改善了沿海渔民生活和作业环境。泛在宽带网络的建立,为海洋数字化应用提供了基础平台,相关应用出现"井喷"的态势。

3. 应用成效

本项目已在南通等地海域进行了实地部署,并通过了第三方测评。入选广东省海洋经济发展重点平台——"海洋工程技术试验平台"。目前实测在海域互联互通方面表现良好,实现了大容量数据传输和加速、网络按需分配切换等功能,整体已具备规模商用的能力。

(二)案例名称:"双千兆"+北斗+人工智能赋能智慧港口项目

1. 案例背景

在交通行业转型过程中,国家先后出台多项政策,引领交通行业向智慧交通转型,以数据为驱动,向高质量产业发展。在港口水运方面,《交通运输部关于推动交通运输领域新型基础设施建设的指导意见》提出,加快完善通信网络、北斗系统、数据融合等标准规范,推进建立适应自动驾驶、自动化码头、无人配送的基础设施规范体系的政策导向。2021年2月,国务院印发的《国家综合立体交通网规划纲要》提出,全面推进港口、航运数字化、网络化、智能化发展,打造全覆盖、可替代、保安全的行业北斗高精度基础服务网,鼓励港口广泛应用物联网、自动化等技术,推进一批国际性枢纽港站、全国性枢纽港站建设。

天津港是北方重要的综合性大港,是华北、西北地区的海上门户,雄安新区主要出海口,"一带一路"的海陆交汇点,新亚欧大陆桥经济走廊的主要节点和服务全面对外开放的国际枢纽港。"智慧港口"建设是天津港加快建设世界一流的绿色、智慧、枢纽港口的重要举措，也是服务京津冀协同发展和共建"一带一路"的有力抓手，更是加快港口转型升级和企业提质增效的必由之路。

2. 解决方案

（1）技术方案

本项目方案整体采用端、管、云、用架构，基于"双千兆"+北斗高精度定位建立全新信息化基础设施，实现"万物感知、万物互联、万物智能"，孵化智能管控系统，打造港机自动化控制、无人水平运输、智慧拆解锁站、智能理货、智慧闸口等应用，助力天津港建设成为国内一流、世界领先的全自动化码头。项目设计架构如图9-2所示。

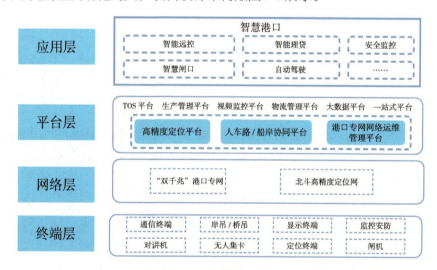

图9-2　项目设计架构

在网络方面，建立了一张"双千兆"港口专网和一张私有化的北斗高精度定位网，提供一流的信息化基础设施服务。"双千兆"港口专网采用中国移动全光政企专网和5G行业专网，构建全连接的千兆虚拟网络，对港口运输要素实现全面感知,进行自动化安全监控、自动化调度,实现客户"数据不出场""超隔离安全业务"的需求。

在平台方面,基于北斗高精度定位、人工智能、大数据等新一代信息技术与港口业务深度融合,创新港口运营与发展理念,重构港口全方位价值链,研发智慧管控系统,实现全面感知、泛在连接、智能决策、自主装卸一体的全自动化码头。

(2)应用场景

① 智慧闸口

借助北斗高精度定位和人工智能技术,构建高性能实时千兆虚拟网络、车辆与集装箱定位感知网络,实现闸口无人值守与全程可视化监管,减少拥堵排队时间,消除拥堵碰撞等安全隐患,提升通行效率,智慧闸口如图9-3所示。

图9-3 智慧闸口

② 港机自动化控制

借助高清视频、传感器和控制技术,搭建包含设备执行层、千兆光网、业务应用层自动化运行系统,实现单小车桥吊远程控制,平行轮胎吊、轨道吊堆场全自动化,港口企业驾驶员数量减少2/3,人工成本节约

70%，生产效率提高30%。港机远控场景如图9-4所示。

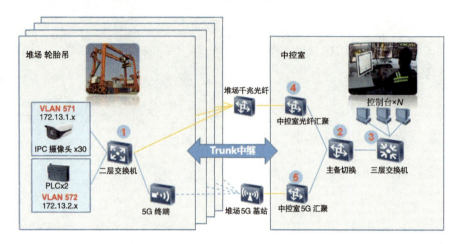

图9-4　港机远控场景

③ 智慧拆解锁站

智慧拆解锁场景采用柔性化智能系统，可匹配多种尺寸型号的集装箱，同时可以根据锁销型号的不同，自动更换夹具，以适应不同型号的锁销拆装。方案创新应用激光扫描系统、六轴自动机器人，通过千兆光网与控制中心实时通信，实现集装箱地面智慧拆解锁站在全球率先投产，如图9-5所示。

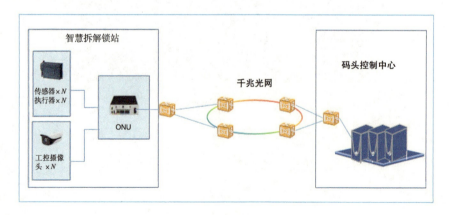

图9-5　智慧拆解锁站方案

④ 智能理货

智能理货系统在前端部署了 11 路高清摄像头,用于采集现场实际作业视频和图片,通过千兆光网传输到智能识别系统,进行箱号识别、车牌识别、Bay 识别等工作,后端平台与 TOS(集装箱港口智能化管理系统)对接,实现自动理货,释放劳动力,降本增效,如图9-6所示。

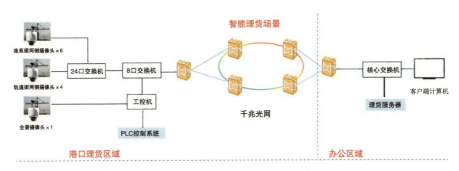

图9-6 智能理货方案

3. 应用成效

2021年10月17日,天津港集团在刚刚投产的全球首个"智慧零碳"码头,举行客户推介会暨世界一流港口建设成果发布会,将"津港智慧"的全球首创单小车岸桥+地面解锁站+水平堆场的全自动化码头工艺、无人驾驶技术加持新一代人工智能运输机器人(ART)、全部自主研发的智能水平运输系统、首个码头"双千兆"+北斗融合商用方案落地等科技亮点一一展示。

"双千兆"+北斗+人工智能赋能智慧港口项目实现全面运营。截至2021年年底,已完成76台无人集卡、6台全自动化岸桥、20台轨道桥联调测试,经过实船作业,累计航运作业数万箱,相较于传统码头效率提升了20%,人员配备减少了60%。本项目采用与老码头相同的工艺,95%以上的传统码头可以通过改造实现自动化,方案运营成本低、可复制性强。

（三）案例名称："双千兆"融合实现车路协同赋能智慧交通

1. 案例背景

中通客车股份有限公司为国内最早的客车生产上市企业、国家级高新技术企业。在汽车智能化、网联化、电动化的浪潮中，中通客车股份有限公司已完成新一代 L4 级智能驾驶客车的开发。

智能网联汽车已经成为汽车和交通行业的必然发展趋势，加快智慧交通建设及智能网联汽车产业发展是国家的重要发展战略，它在缓解交通拥堵、节约能源、减少环境污染、保障出行安全等方面有着重大意义。本项目安装路侧设施（摄像头、雷达、信控等），以实现对道路、行人、车辆、环境、交通事件的全方位感知；利用物联网卡，实现车载设备与车联网平台实时通信；利用 5G 网络低时延的特点保证信号及时传输、利用 5G 网络大连接的优势实现各设备的介入，使自动驾驶汽车增加盲区检测避障、绿波引导、精确停靠、智能交互、车路协同等功能，推动车辆达到高度自动驾驶水平。

2. 解决方案

（1）技术方案

网络部署采用融合创新方案实现固移全覆盖企业数据专网，"双千兆"融合应用场景如图 9-7 所示。

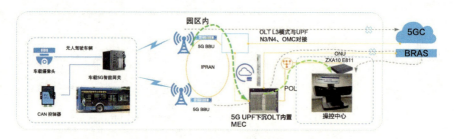

图 9-7 "双千兆"融合应用场景

● 移动核心网：5GC 为中兴实验网，将聊城中通 UPF 配置到 OLT 设备，OLT 内置的 MEC 运行 UPF，并使其串接在 BBU（基带处理单元）和 5GC 中间，车载 CPE 在 5GC 注册后，数据流能够通过 UPF 实现和控制台直接互联。

● 固网部分：中通客车股份有限公司的厂区内操控中心及办公大楼等的网络采用 PON 光纤宽带网络进行部署。采用 10Gbit/s PON 技术，每个节点可提供 1Gbit/s 的带宽。远程智能驾驶平台通过光猫连接至核心网机房中兴 OLT 设备（提供 MEC 功能）。智能驾驶平台通过 VLAN（虚拟局域网）区分车联网、公网和车载互联业务，配置双 VLAN 和双 IP。

（2）应用场景

基于远程驾驶功能，端到端包括 2 个码流。视频码流和 CAN（控制器局域网）总线电气控制码流。两端分别采用 server 端、client 端设备。车辆行驶视频经过数字编码器（client 端）后通过外网连接到操控中心端（server 端），实现视频流的单向传输。车载端与操控中心端采用专用 CAN 接口转换器，连接两端，实现双向数据流的传输，车路协同信息数据流传输场景如图 9-8 所示。

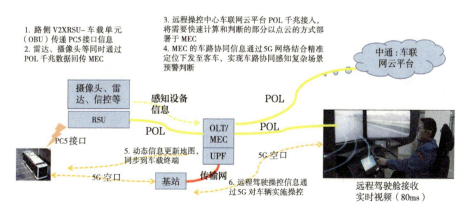

图 9-8　车路协同信息数据流传输场景

2020年，山东联通建设了车路协同相关设施，2020年年底已实现无人驾驶上路，最大车速为60km/h。2020年12月25日，聊城市智能网联汽车道路测试新闻发布会暨首张测试牌照发放仪式在山东聊城隆重举行，中通客车股份有限公司获首张牌照。

2021年7月，中通客车股份有限公司的智能网联客车与智能网联基础设施在嘉兴实现了销售和部署。

（四）案例名称：光耀山东，高速未来——山东联通智慧交通行业最佳实践

1. 案例背景

"十三五"时期是我国全面建成小康社会决胜阶段、全面深化改革的攻坚时期和全面推进依法治国的关键时期，交通运输业发展迎来"新基建时代"。"十四五"期间，国家重点推进"六大体系""十五项推进行动"，基本实现"县县双高速"，高速公路建设迎来高质量发展期。

2022年，山东省加快建设交通强国山东示范区。山东省全省交通运输系统将以加快建设交通强国山东示范区为引领，以互联互通、创新驱动、转型发展为方向，全力推动交通基础设施大建设，为交通强国建设提供山东方案、创造山东经验。交通强国山东示范区建设的主要目标之一是在2035年形成现代化、数字化、高质量的综合立体交通网，高速公路建设和运营的信息化、数字化已成为当下重要工作使命。

2. 解决方案

（1）技术方案

本项目在山东全省新建高速收费站211处、服务区74对、分中心39

个，分公司18个，集团信息监控中心1个，集团办公楼（集团总部）1个的全光网节点。本项目采用先进的OTN技术进行组网，OTN技术是以波分复用技术为基础、在光层组织网络的传送网，OTN光网络平台在OTN基础上根据业务类型组建了1张千兆数据网和2张万兆数据网。

山东高速公路信息管理系统分为收费系统、监控系统及高速公路信息化管理的支撑系统。网络建设方面，本项目根据山东高速发展集团业务需求，新建了3张物理隔离的数据网，分别是千兆收费数据网，万兆监控、办公和视频会议网，万兆综合业务通道网。

为实现上述3张数据网建设目标，使其具有良好的扩展性和灵活的接入能力，并易于管理、易于维护，本项目在组网架构上采用扁平化的三层结构，即核心层（山东高速集团有限公司信息管理中心）、汇聚层（分公司、信息管理分中心）、接入层（收费站、服务区）。核心层完成高速数据转发，重点考虑可靠性和可扩展性；汇聚层用来完成业务流量的分区域汇聚，起着承上启下的作用，对上连接至核心层，对下将各种业务分配到各接入节点网络，汇聚层交换机与OTN设备对接，采用千兆或万兆波分传输链路双上联至核心层，进而连接至相应的业务系统；接入层用来接入山东各高速收费站、服务区业务数据流量，接入层交换机通过千兆或万兆光纤链路级联至汇聚层。项目数据网结构如图9-9所示。

（2）应用场景

① 路网监测

对高速公路突发事件、路产资源、应急物资设备及路况信息进行可视化展示与实时监测。

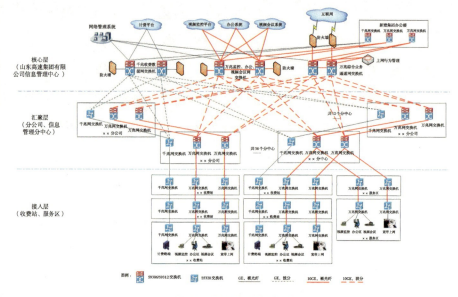

图9-9 项目数据网结构

② 指挥调度

实现应急调度与现场处置的即时通信,便于突发事件快报上报、信息发布及联动控制。

③ 公众服务

实现出行服务多端化与服务功能多样化,支持 PC、App 及微信多端呈现,以及路径规划、实时路况、POI(关注点)查询、测距定位等综合功能展现。

④ 决策支持

支持从时段、路段、车型、类型等多个维度统计分析突发事件,为人们应对突发事件提供辅助决策,实现高速公路运营管理、公众出行高端智慧化服务。

3. 应用成效

本项目致力于整合高速公路信息通信资源,打造山东交通专网,以提供高效便捷的专网数据传输服务。山东高速公路信息通信网将不断细致、完善,为今后车联网及智慧城市建设打下良好基础。

智能电子收费站实现了收费站所有出入口车道 ETC 系统的全覆盖,并在收费站出口匝道处布设了匝道自由流系统,交易成功可选择任何车道不停车通行,与传统收费站相比,智能电子收费站流量高峰时通行能力提升 5～7 倍,通行优势明显,极大地提升了公众出行的便捷性、舒适性和顺畅性。为满足当前社会公众对多种支付方式的需要,特情车道增加自助缴费功能,车主在智能电子收费站还可以选择手机扫码支付、"高速 e 行"无感支付等非现金支付方式,真正实现无人值守。

(五)案例名称:黄渤海一体化"双千兆"海洋经略专网助力海洋科技创新加速

1. 案例背景

山东省是渔业大省,2022 年全省海洋生产总值突破 1.6 万亿元,山东省海洋渔业、海洋水产加工业、海洋矿业、海洋盐业、海洋化工业、海洋电力业、海洋交通运输业 7 个海洋产业增加值居全国第一,海洋经济综合实力稳居全国前列,山东省海洋生产总值占全国海洋生产总值的 17.2%,且山东省濒临渤海和黄海,海岸线长 3345km,约占全国海岸线的 1/6,管辖海域面积 $4.73 \times 10^4 km^2$,潮间带滩涂面积 $4395km^2$,渔业资源丰富,经济空间巨大,当前海洋信息化、数字化发展刻不容缓,对有力的网络承载底座具有强烈需求。

2. 解决方案

(1)技术方案

该方案依据《山东海洋强省建设行动方案》《山东省"十四五"海洋

经济发展规划》，构建现代海洋产业体系、建设全球海洋科技创新高地、建设世界一流的海洋港口、维护绿色可持续的海洋生态环境、深入拓展海洋经济开放合作空间、推进海洋安全发展和提供保障措施，包含了海洋超算、智慧渔港、智慧光网大脑、5G+AI 海上智慧工地等多种应用场景，采用 F5G+5G 一体方案，实现了千兆光网 + 千兆无线网 + 云数据中心 +AI 一体化技术方案，具有以下四大特点。

- 超高带宽：港口全光接入网采用 PON，确保每一台 1080P 摄像头的高清视频无损回传。

- 极简绿色 OXC：针对颗粒大的业务交换，基于硅基液晶（LCoS）技术的 OXC 技术给予全光调度支持，一个机框可以构建 32 个维度光波长无阻塞交叉系统，极简站点，机房空间节省 70%，同时对比传统光层功耗降低 50% 以上。

- 超高可靠：海港全光接入侧采用 PON 全光网接入，相较于铜线及无线 / 微波接入，全光接入有效地减少了各种信号及复杂天气对视频信号传输的干扰，因为光纤信号传输基本不受环境和其他任何信号的影响，确保了信号传输的质量和可用度。

- 超低时延：光速传输是目前已知速度最快的传输，这就使得 OTN 光承载专线具备最低时延、沿海地市业务通过省干 OTN 全光网最优的路径回传到省级监控中心，确保地市内和省内传输时延最低，增强省地市级监控中心对于港口、海上船舶及其他情况的监控和智能分析能力，通过最强的 OTN 运力网络来增强数据中心处理能力。全光接入网部分也同样采用光纤信号采集回传，使时延最低。海洋一体化专网组网架构如图 9-10 所示。

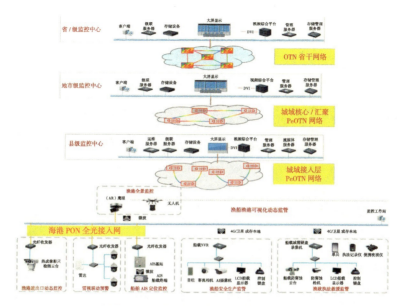

图9-10 海洋一体化专网组网架构

(2) 应用场景

① 海洋超算

国家海洋实验室超算网建设项目,打造了省内4ms低时延圈、即取即用的高品质算力网,提供99.999%高可靠性网络。建设首条灵活弹性的100Gbit/s光网大带宽超算网,为地球模拟、海洋预报、蓝色药库等科研应用提供更充分的算力支撑。

② 智慧渔港

智慧渔港平台建成后实现对全区渔船的监管"一张图",面向渔船安全监管综合管理需求,梳理渔船、船员、渔港、环境等多维度属性,构建海洋渔业执法多维态势图,提供智慧化管控决策支撑,对辖区内船籍港管理(在港情况、回港率、未回港情况)、渔船总数、各类渔船数量、设备在线数、告警数、各港口或停泊点进出渔船情况等进行总体态势分析,快速形成管理、调度、应急指挥建议,以更好地保障渔船作业安全。

③ 海洋牧场

智慧光网大脑承载了水下视觉、AI 分析、饵料投喂等特色功能，助力首个国家级"双千兆"+海洋牧场——长渔1号的建设，直接获取水产生长数据，有效管理牧场养殖水域水产生长质量，实现科学调整投喂计划，并通过配备的风力自动投饵机，在满足自动化养殖需求的前提下提高饵料利用率，树立了山东高水平"数字海上粮仓"的典范。

3. 应用成效

山东联通主动服务国家战略、坚持创新驱动、陆海统筹，基于千兆光网技术和 5G 海面超远覆盖，打造有线、无线协调补充的黄渤海一体化"双千兆"海洋经略专网。5G 覆盖完成后，联通海洋专网集有线、无线、融合云网为一体，实现全面感知、泛在互联、普适计算与融合应用，构建山东半岛黄渤海一体化海洋数字化发展新业态，得到了各级政府部门的高度认可和赞许。项目充分利用大数据、5G、人工智能、IoT 等先进技术，实现以下两点。

● 驱动社会服务：千兆光网与 5G 网络结合机器视觉、人工智能、云平台等技术，能够打造立体的、多元化的智慧系统，极大地提高视频数据的传输实时性和云计算的速度，具有广阔的应用前景，对 F5G+5G 应用的推广具有广阔的现实意义。

● 降低人力成本：通过"双千兆"网络，结合大数据、视频 AI 分析处理可提升管理水平，减少人员力量不足、手段单一、数据统计不方便、无法实现对各类数据动态实时监管的情况，优化海洋三次产业结构，培养海洋新兴产业及提高海洋科技含量。

第十章
文旅体育

一、行业背景

（一）行业基本情况

在全面建设小康社会的背景下，文旅体育逐渐成为社会先进文化的重要组成部分，其建设发展应站在国民经济和社会发展的战略高度。文化旅游体育业高质量发展的目标，最终要落脚到党和国家工作的初心上，即增进民生福祉，把高质量发展同满足人民美好生活需要结合起来，使百姓能够通过举办文化体育活动、旅游等方式满足对美好生活的向往。根据我国国家标准《国民经济行业分类》（GB/T 4754—2017），文化体育属于文化、体育和娱乐业门类，包括新闻和出版业，广播、电视、电影和影视录音制作业，以及文化艺术业、体育等大类。

近年来，随着新兴技术的快速发展，文化旅游体育业也将引入新技术，探索数字化、网络化、智能化的创新发展模式，不断提升应对外部环境能力、优化服务内容、提升服务体验。在文旅行业，一是文化内容生产及创作逐渐数字化，网络视频、数字艺术、创意设计等产业形态对传统文化进行了创造性转化；二是文旅行业积极探索"互联网+"模式，推动博物馆、美术馆等数字化展示，及戏曲、曲艺、民乐等线上发展；三是景区逐渐实现智慧化运营管理，电子地图、语音导览、VR景点展示等多元化、个性化的服务水平逐步提升。在体育方面，沉浸式互动将会是体育观赏的新时尚，利用AR/VR等技术与现实结合，将互动性的观赛体验前移,"独乐乐"的线上体育观赛被更多的用户连接方式所代替,观众可以自由切换视角或者机位。

(二)行业需求

"十四五"规划提出,实施文化产业数字化战略,加快发展新型文化企业、文化业态、文化消费模式,壮大数字创意、网络视听、数字出版、数字娱乐、线上演播等产业。文化和旅游部发布的《关于推动数字文化产业高质量发展的意见》指出,实施文化产业数字化战略,推动数字文化产业高质量发展,促进产业链和创新链精准对接,推进文化产业"上云用数赋智",形成新动能主导产业发展的新格局。

千兆光网与文化体育业的深度结合,将助力数字文化、智慧体育高质量发展。千兆光网能够提高文化内容的生产、传播和文化消费的数字化发展水平,打破文化资源的空间限制,丰富数字文化产品和服务的现有表现形式,激发文化产业的创新活力。例如,超高清直播在线话剧、舞台剧、演唱会等典型场景应用,通过改造传统剧院,部署"双千兆"网络、利用多视角视频采集设备,打造数字剧院,提供多元化、便捷式的线上服务,使用户获得超高清、多视角的极致体验。

随着体育产业日益增长,数字科技与体育产业的融合也越来越充分,需要积极探索千兆光网与体育产业的协同和高质量发展路径,不断满足广大群众对信息化新生活的追求。千兆光网时代的到来,让未来家庭和个人用户都会享受到全场景、立体化的全新网络和视听环境。体育作为人类最为广泛参与的活动,它的观赏性与互动性让千兆光网技术有了完美的展示空间。数字科技充分支持冬奥赛事、运动健身、观赛体验等方面的智慧化提升。基于千兆光网和先进的计算机视觉和图像处理技术，为体育行业提供先进的 4K 全景运动视频录制、体育教学辅助、运动轨迹可视化、运动数据分析等服务。千兆光速全民健身体育赛事直播赋能平台给运动场馆、教练、运动员带来了革命性的智慧体育场馆解决方案，已被广泛应用于各个运动领域，包括足球、篮球、排球、手球、冰球、橄榄球等体育项目的智慧体育视频传播、训练教学辅助等服务，实现体育训练的业务创新和提升。

（三）千兆光网解决行业痛点

一是线上线下融合发展面临新挑战，《"十四五"文化产业发展规划》要求构建线上线下融合、演出演播并举的演艺产业创新发展格局，提升剧场数字化水平，协助剧场打造线上演播项目，完善线上演播商业模式，打造线上演播"智慧名片"。因此，打造智慧文化旅游体育产业的需求日趋明显，即利用千兆光网、云联网、VR/AR 等先进技术，提供多剧场联动直播、8K 云转播、VR 线上直播、8K 全场景观赛等线上云演播服务。二是用户体验一站式创新服务，观众需要一种创新的一站式服务，通过新技术体验新型项目，提升线上服务便捷性，提升线下用户体验感知，打造全新线下体验，打造极致的交互体验、无感的闸机通行、便捷的定位导航，提供便捷的线上服务对用户的极致体验显得尤为重要。三是智慧体育赛事直播对带宽的要求不断提高，越来越多的体育赛事开始引入融媒体技术，应用于智慧场馆直播。与传统视频业务不同，为满足超高清视频、多视角、自由视角等创新互动视频体验，技术上也面临诸多难点，如体育赛事现场直播需满足超低时延要求、多路超高清视频同时提供直播服务，需要大带宽传输保障，多机位、自由视角，依赖先进的帧同步技术保证多路视频流播放进度一致，运动员及周边信息的精准推送，需要高准确率 AI 图像识别能力的辅助等。

千兆光网具有超大带宽、超低时延、先进可靠等特征，可助力文化体育产业的数字化、智能化、体系化进程加速，给未来的体育"视界"，包括赛事转播、互动体验，带来更为深刻与精彩的影响。在文化展示、赛事系统运营、云网保障支撑、智慧场馆运行、智慧观赛服务等方面提供强大的支撑能力。

（四）千兆光网行业规模化应用分析与总结

当前，随着数字化社会进程的不断推进，千兆光网赋能文化旅游体育产业的成效日渐凸显，文化的数字化展示、体育赛事的智慧观赛等都在逐步成熟，但是距离大规模复制推广还有一定的发展空间。

在千兆光网赋能智慧文旅方面，一是高质量内容供给不足，现阶段缺少高质量、可消费的应用产品与内容，尤其是 VR/AR 等资源极度匮乏，在产品和消费模式的创新方面也存在不足。二是智慧文旅的智慧化改造成本较高，短期内，因受限于千兆光网建设部署及智慧改造技术成本问题，传统文旅企业改造驱动力不强，导致景区、剧场、图书馆等处的智能化水平参差不齐。三是支撑技术、产品尚不完善，AR/VR、人工智能、云网融合等技术均处于发展期，产品功能和种类较单一，但是价格偏高，不足以规模化支撑文化旅游体育产业的发展。四是智慧文旅缺少统一的管理建设体系，如信息的采集管理标准、数据隐私和共享标准、建设体系的统一化等。

在智慧体育方面，一是当前千兆光网+智慧观赛处于从画质提升到沉浸式互动先进体验的巨大变革转型阶段，智慧观赛模式有待进一步创新突破。二是观众体验度有待进一步提升，需要更大的带宽，提供流畅的业务体验，由传统的 E1/V.35 等接口向 FE/GE/10GE/100GE 接口过渡，实现观众对网络故障"零"感知。三是面对大型体育活动、赛事，如冬奥会等，需要打造上下贯通、左右衔接、互联互通、信息共享、安全畅通的一体化智慧平台体系。

二、案例介绍

（一）案例名称：北京联通 Smart Link 智慧专线助力 2022 年北京冬奥会 4K/8K 超高清直播

1. 案例背景

2022 年，北京冬奥会和冬残奥会首次全程采用 4K HDR（高动态范围图像）技术直播，开幕式和闭幕式、自由式滑雪大跳台 / 单板滑雪大跳台、短道速滑 / 花样滑冰等项目采用 8K 超高清信号制作系统，给观众带来前所未有的临场体验。冬奥会比赛的各个场馆均采用 30~40 个超高清 4K/8K HDR 摄像机位进行信号采集，采集的数据通常以 SDI（串行数字接口）信号输出，并以无压缩或浅压缩的方式透传原生视频内容到制作中心，主要原因是原始视频内容珍贵，避免过度压缩而损失后期制作的能力和价值，但这也带来了传送数据量数十倍的增加及对整个承载网络巨大带宽的需求。8K 超高清图像具有超高分辨率、丰富的层次和宽色域的技术优势，像素总量达到3300万，是4K超高清图像的4倍。超高清的8K体验，需要大带宽+高码率来保证，一路8K信号所需带宽约为48Gbit/s，尽管冬奥会从场馆到主媒体中心（MMC）的信号传输采用ST.2022-6/7标准，信号压缩比为1∶4，在一定程度上降低了带宽要求，但依然需要100Gbit/s的带宽支持。

北京冬奥会主媒体中心位于国家会议中心二期。北京各个场馆的高清摄像机生成的原始视频信号直接传输到MMC，张家口地区的场馆视频信号先接入张家口山地转播中心（ZBC），再通过高速链路与MMC进行信号交互。各个场馆的高清摄像机生成的原始视频信号从采集地向北京冬奥会主媒体中心进行分发，进而让全球各个媒体进行制作。为了保证信号传输的稳定性和安全性，北京冬奥组委对视频承载方案提出五大高标准诉求，即安全可靠、超大带宽、超低时延、灵活弹性、高品质入云。

基于以上诉求，为保障高清视频信号的无损实时传送，北京冬奥组委要求必须简化网络层，提供能承载超大带宽业务、安全可靠且能保证低时延、零丢包的传送解决方案。作为2022年北京冬奥会和冬残奥会唯一官方通信服务合作伙伴，中国联通围绕"科技创新、安全保障、绿色共享"的核心理念，创新提出了"智慧冬奥"目标，即以智慧的网络、极致的速率支撑奥运会，以智慧的应用、丰富的产品服务奥运会，以智慧的技术、专业的队伍保障奥运会。北京联通基于PeOTN（分组增强型光传输网）打造Smart Link智慧专线，采用AI智慧调速技术，圆满支撑北京冬奥会4K/8K超高清直播，为8K超高清视频回传积累了宝贵经验，让观众享受更多的高清视频内容和更优质的视听体验，促进整个8K超高清视频产业的蓬勃发展。

2. 解决方案

（1）技术方案

对于中国联通提出的"智慧冬奥"目标，专线传输是其中至关重要的一环。北京联通基于现有网络资源，选择 PeOTN 作为冬奥会业务传输承载网。PeOTN 采用全光网络架构和自动交换光网络（ASON）技术，出现网络故障后可以毫秒级恢复；专线带宽从 2Mbit/s 到 100Gbit/s 灵活调度，满足 8K 超高清视频信号带宽需求；京津冀毫秒级时延圈，能够让张家口等区域的视频信号快速直达北京冬奥会主媒体中心。

基于 PeOTN 先进的网络架构和能力及智能管控 NCE（网络云化引擎），北京联通将 Smart Link 智慧专线用于冬奥会专线业务承载。Smart Link 智慧专线是北京联通发布的全球首款高品质政企 OTN 专线产品，具备大带宽、高可靠性、零丢包、低时延的特性，能够满足北京冬奥组委 4K/8K 超高清视频传输的需求。

2022 年北京冬奥会各场馆的视频采用 4K/8K 超高清标准进行制作，运用浅压缩将超高清视频信号回传。北京赛区信号直接上送至北京冬奥会主媒体中心，张家口赛区信号首先汇聚到张家口山地转播中心，再传输到北京冬奥会主媒体中心。2022 年北京冬奥会 3 个赛区各个场馆的电视转播信号在北京冬奥会主媒体中心进行制作，通过联通六大海外 POP（接入点），分发到世界各国。

依赖高品质 OTN，北京联通为冬奥会打造了大带宽、高可靠性、零丢包、低时延的 8K 超高清承载网，保障全球观众可以通过 8K 超高清来欣赏这场奥运盛宴。

(2)应用场景

① 数字孪生

北京联通采用数字孪生技术,部署智慧管控系统,可以实现冬奥会场馆网络管控的智能化和资源系统可视化,设备和业务指标可视可管,多维度呈现板卡、设备、站点及业务信息,透视网络资源及专线性能,助力网络运营的数字化转型。智慧管控系统资源可视化界面如图10-1所示。

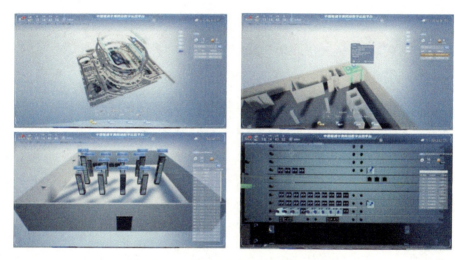

图10-1 智慧管控系统资源可视化界面

② 智能定界

北京冬奥会期间,北京联通对 Smart Link 智慧专线进行升级,为冬奥组委打造了一系列的差异化服务,在冬奥组委的运营中心,用户可以总览专线业务,专线 SLA 性能指标和告警信息直观可视,专线带宽可以基于大赛计划和实时流量进行自动调节。

③ AR 运维

北京联通打造了 AR 数字化创新运维模式,不同于传统运维模式,

AR 运维技术只需一人一手机即可完成现场排障，让复杂网络运维变得更容易，故障处理时间缩短 50% 以上，运维效率提升 30% 以上。

3. 应用成效

通过运用 Smart Link 智慧专线，北京联通圆满支撑了 2022 年北京冬奥会 4K/8K 超高清直播，以最高标准、最严要求、最实举措、最优服务、最好状态，实现网络操作零失误、赛事网络服务零投诉，圆满完成了冬奥会各项通信保障任务，荣获北京冬奥会和冬残奥会突出贡献集体奖项，多个场馆保障团队收获冬奥组委感谢信，并获得高度评价。

经过北京冬奥会的检验，Smart Link 智慧专线可以实现高清视频图像的实时传输，无论是安保专线还是直播组网，Smart Link 智慧专线均能为重大活动提供通信保障；自服务功能还可以协助用户根据自身需求自助下单，保证在减少人员接触情况下的服务不打折，为各行各业专线用户提供差异化服务保障。

（二）案例名称：千兆光网 + 云 +AI 赋能 XR 综合性行业应用平台

1. 案例背景

随着旅游产业地位的不断提升及信息化浪潮的推动，游客对个性化旅游的需求日益强烈，尤其是随着旅游市场结构变化和旅游出行方式变化，游客对信息服务的诉求大幅增加，智慧的游客定制化服务将发挥重要作用，并有着广阔的发展前景。

同时，云旅游、慢直播逐渐走进了人们的生活，很多景区运用 VR 技术等提升旅游供给质量，通过 VR 慢直播景区风光，让游客通过视频、直播等方式欣赏到360°的旅游地美景,完成对旅游目的地的全方位探索与了解。

传统景区旅游痛点突出,主观方面受游客自身条件、时间安排影响,客观方面受景区配套设备及管理限制。景区需要大力推进智慧旅游的建设,完善多元化旅游的需求,不断与AR/VR等前沿技术融合创新发展,打造沉浸式场景,如沉浸式景区游览、沉浸式演艺、沉浸式展览,为游客带来足不出户且身临其境的沉浸式体验,并为游客提供高质量景区游览服务,为文化传播提供新途径。

2. 解决方案

（1）技术方案

本项目基于千兆光网 + 边缘计算 + 云 XR 平台面向客户提供行业场景下的标准 XR 解决方案。由云 XR 平台完成数据存储、运营管理和渲染管理功能,千兆光纤接入和边缘云下沉至客户侧机房内,保障 VR/AR 业务带宽时延需求;终端发起使用指令后,由 XR 平台下发数据和执行命令到边缘云,由边缘云完成音视频编码和交互渲染,然后通过千兆光猫分发到终端用户侧进行播放。整体项目方案架构如图 10-2 所示。

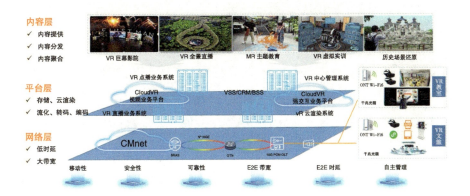

图 10-2　整体项目方案架构

2021年扬州世界园艺博览会智慧园博项目依托云 XR 平台，建设 VR 实景游园平台及管理平台，由云 XR 平台完成推拉流直播管理、点播管理、云端内容存储等应用；云视频技术方面将 4K/8K 全景视频采集输入、高速图像拼接、千兆光网图像传输、CDN 分发等 VR 全景直播服务融为一体；用户可通过高清大屏、VR 头戴式显示器等终端体验实时 VR 全景直播。XR 智慧文旅解决方案如图 10-3 所示。

图 10-3　XR 智慧文旅解决方案

（2）应用场景

VR 慢直播接入园内梦幻叠瀑、扬州馆、中国馆、国际馆、园区全景 5 组直播。

① 梦幻叠瀑

梦幻叠瀑是 2021 年扬州世界园艺博览会地标性建筑。景观位于世界园艺博览会中轴线，其主体是国内单个体积最大的塑石假山，结合自然地形和后期绿化，形成优美的视觉效果，成为世界园艺博览会最火的打卡点之一。梦幻叠瀑 VR 显示如图 10-4 所示。

图10-4 梦幻叠瀑 XR 显示

② 中国馆

中国馆的布展面积为8500m²,以"绿色城市、健康生活"为主题,分为7个厅,包括花韵长廊、锦绣江苏、园萃芳华等展厅,另外设置2个活动区——趣享生活区(销售区)、主题日活动区。用户通过 VR 设备可以沉浸式欣赏馆内各个展厅的美景。

3. 应用成效

江苏移动世界园艺博览会网络技术支撑团队在开园前期便积极进行实地走访、查勘选点,制定设备接入方案,通过园内优质网络,将场馆内的360°美景实时传输到"云赏苏景"直播页面,游客既可以通过 H5 线上浏览,也能通过 VR 头戴式显示器进行沉浸式体验,足不出户即可游览世界园艺博览会美景;中国馆 VR 直播更登录央视频 App 客户端"慢直播"频道,让全国乃至全世界的园艺爱好者,点开手机即可"亲身"赏园,线上游览人次达30万,为2021年扬州世界园艺博览会的宣传推广提供了大力支持。

（三）案例名称：千兆光网，让文物"活"起来——河南博物院千兆光网创新应用

1. 案例背景

按照《关于加强文物保护利用改革的若干意见》《"互联网＋中华文明"3年行动计划》总体要求，国家文物局围绕文物价值研究、保护利用、展示传承3个方面，研究确定了"互联网＋中华文明"行动计划政府采购项目，将千兆光网等前沿通信技术与文博领域的数字信息共享和应用模式相结合，不断创新前沿技术与公共文化服务事业的融合发展。

河南移动积极主动与河南博物院、河南省文物考古研究院、通信运营及研究学者等进行多次沟通交流，发现传统博物馆面临以下4个痛点。

- 文物展现形式相对单一。
- 游客参观交互感知较差。
- 文物历史文化内涵宣传严重不足。
- 文物与场馆融合管理缺少统一标准。

河南移动联合集团下属咪咕文化科技有限公司利用千兆光网的大带宽、低时延技术优势，融入云计算、大数据、VR/AR等技术对博物馆全业务进行信息技术赋能，打造统一的多样化文物展示、智慧文创服务、智慧文物保护和智慧馆区管理的智慧博物馆生态体系，提升公共文化服务水平。

2. 解决方案

（1）技术方案

园区或场馆内机房布放大容量分布式 OLT 平台，部署全域 POL，采用 Type B 的组网方式，OLT 双归属保护，保障业务的安全稳定。

结合园区或场馆的建筑面积，合理设置分光器，将其集中放置在各个汇聚/接入机房内。在各接入机房中设置1∶8光分器，ONU根据需求贴近终端安装。详细统计联网终端及信息点位，合理布局光纤点位。项目整体技术框架如图10-5所示。

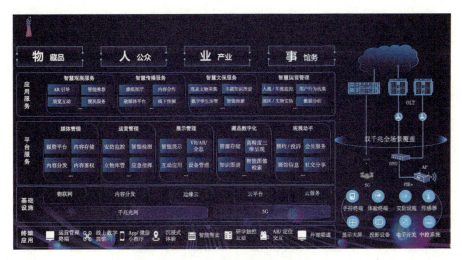

图10-5　项目整体技术框架

整体上从端、网、边、云、业等层面搭建基于10Gbit/s PON光网的千兆光网＋智慧文旅云平台，对博物馆分散于各业务主线的数据进行集成，实现对人（公众）、物（藏品）、事（馆务）、业（产业）等资源的智能配置和信息聚合，形成融合展示、体验交互和综合管理等能力，全面提升博物馆运转效能和公共服务水平。

（2）应用场景

本项目基于POL千兆全光网络，结合超精建模、全息多人交互、AR/VR技术，通过"千兆光网＋"，让文物"活起来"。告别玻璃远观的传统模式，转变为实时全息多人交互模式，使游客可全方位观察文物细节，专家利用3D技术拆解文物构造，用更生动的方式分享文物故事。

① XGS 对称型 10Gbit/s PON 大带宽上行 + 文物建模

通过高清相机对每个文物进行 1000 万面至 2000 万面的采集，利用 XGS 对称型 10Gbit/s PON 搭建的大带宽上行通道，快速上传采集的素材至 XR 融媒体平台进行数字建模和渲染，并将音频、文字讲解融合进来，依托 POL 的超大带宽将文物影像投射在雾气之中，让全息文物在空气中"活起来、动起来"。图 10-6 为《青铜神兽》全息展示。

图 10-6　《青铜神兽》全息展示

② 千兆 Wi-Fi+ AR 导览

观众通过 AR 终端（AR 探究镜）扫描文物时，在千兆 Wi-Fi 的支撑下，快速调度融媒体平台上的文物模型，实时对建模后的文物进行拆解、翻转。通过数字化建模，可以解决文物保护与历史宣扬之间的矛盾，让更多的文物展现在我们眼前。让他们在传播中"永恒传承"，让游客在所游所感中"收获满满"。AR 探究镜 +AR 导览如图 10-7 所示。

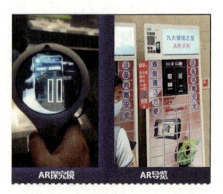

图 10-7　AR 探究镜 +AR 导览

③ 智慧场馆边缘云 + 沉浸式 XR

基于 OLT 内置边缘云（刀片算力和需求算力）及沉浸式 XR 技术，让观众由"旁观者"变成"参与者"。在河南博物院，本项目将北宋王希孟《千里江山图》数字化后投射于一个中型会议室大小的三维空间内，让游客"漫步"于《千里江山图》之中，如图10-8所示。

图 10-8　沉浸式 XR

④ 千兆 Wi-Fi+5G+ 文创 +AR

本项目推出了与河南博物院藏品深度融合的创意 AR 数字内容，借助千兆 Wi-Fi 和 5G 网络，观众可通过手机或 AR 终端读取文创产品，进行 AR 互动性体验，既增加了观众传播历史文化知识、购买文创产品的意愿，也带动了博物院文创 IP 产业发展。

3. 应用成效

本项目上线后，给河南博物院带来了新的活力，各类新型文物体验项目累计接待游客 100 余万人次。依托本项目的建设经验，中国移动在河南省已签约 70 余个项目，累计金额 3000 余万元，得到了各级领导的广泛关注，已入选文化和旅游部 2021 年度国家文化和旅游科技创新工程项目。

通过本项目推动数字资产公开与共享，向社会开放多样化、多维度的文物数据，促进文物信息资源的创造性转化和历史文化产业发展，带动了上游的装备、3D 打印，下游教育、互联网、数字版权、影视等行业的发展。

（四）案例名称：千兆光速全民健身体育赛事直播赋能平台

1. 案例背景

千兆光速全民健身体育赛事直播赋能平台是一个聚焦于体育视频直播行业的综合解决方案，通过在体育场馆架设前端摄像设备，AI 跟拍用户运动，时刻采集用户视频数据，数据经流媒体处理和千兆光网 +5G 网络传输至用户端，给用户带来全新的智慧体育直播视频服务。平台创造性地结合了 8K 高清视频直播技术、AI 分析技术、AR 技术、华为边缘计算服务技术、云计算技术、千兆光网 +5G 传输技术，使得社会大众享受到智慧体育直播视频服务，通过数据采集、分析及运动评测提高自身运动素质及水平，同时又为体育行业的发展、相关政策的制定提供了数据支撑，进而推动社会全民健身进程。

本方案可应用于体育相关的各个领域，将专业的直播视频服务应用到全民健身、综合管理、校园及民间体育赛事直播、专业训练等，让专业服务以高频次优惠的价格去惠及更多人。本方案完美解决了校园和民间体育赛事等无法现场观赛，且场地观赛硬件设施有限的痛点。针对各类运动及其不同体育赛事直播需求，开发了多种 AI 算法模型，模型覆盖足球、篮球、排球、羽毛球等大众体育项目，大力推动了全民健身发展。

2. 解决方案

（1）技术方案

千兆光速全民健身体育赛事直播赋能平台主要分为 3 层，即设备层、传输层、应用层。千兆光速全民健身体育赛事直播赋能平台组网架构如图10-9所示。

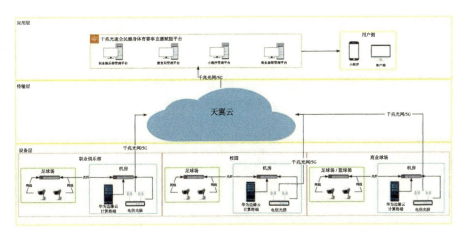

图10-9 千兆光速全民健身体育赛事直播赋能平台组网架构

设备层使用8K摄像机矩阵对场地进行视频采集，采集视频通过超高速、低时延的千兆光网传输到华为边缘服务器，由边缘服务器对超高清视频进行融合分析和基础数据收集。

传输层负责将处理后的视频依托于中国电信的千兆光网进行超高速、低时延传输，将所有经处理的信息及视频内容同步到算法服务器上进行高级运动数据处理、评价报告、训练计划生成和分发。

应用层分不同的管理权限及应用框架协议，根据实际需求对场地的设备进行远程调度、远程控制、统一管理。借助中国电信千兆光网+5G高速网络，用户侧可以通过PC、微信小程序、手机App实时观看、编辑、分享视频数据，查看运动数据报告、训练计划、跟随训练等。

（2）应用场景

① 流媒体服务

基于千兆光网+5G传输技术和天翼云计算能力，对视频进行转码、实时播放、回看播放、编辑、上传、下载等操作。高质量视频数据的吞吐量很大，普通宽带的带宽无法满足，只有千兆光网的大带宽传输才能够实现如此大的数据传输。

② AR 视频采集数据分析

通过小程序预约，8K 摄像机矩阵自动开始拍摄，运用华为边缘服务器的 AI 技术捕捉球场内足球和球员位置，转化为球员的场地实时坐标，并计算出球员的移动距离、速度、运动负荷、不同区间跑动速度、卡路里消耗等基本运动数据，AR 球赛采集数据分析功能如图10-10所示。AR 技术的应用需要千兆光网作为支撑，AR 的数据量和信息的复杂性对服务器和数据传输都有很高的要求，千兆光网不仅可以支撑数据的高质量传输，还保障了数据的安全性。

图10-10　AR 球赛采集数据分析功能

3. 应用成效

平台以千兆光网+5G 网络底座为基础，支撑对管理层和全面健身用户两类主体的服务。一是基于千兆光网+5G 的高质量、高安全、低时延的优点，通过天翼云处理和分发，将全民健身数据展示在管理终端上，主要服务于政府及相关体育部门。这类服务从全局的角度展示全民健身的各项数据和总结，为有关部门制定规划与政策提供数据支撑。二是基于千兆光网+5G，通过天翼云处理和分发，前端8K摄像机矩阵采集数据，最终用户可在各类终端上进行流媒体处理和社交分享，这类服务聚焦于社会使用，使参与全民健身的用户可享受到智慧、专业、科学的服务，提升运动的趣味性，从而推动民众积极参与全民健身。

（五）案例名称：千兆光网助力崇礼三级联合指挥实现智慧冬奥

1. 案例背景

张家口崇礼作为2022年北京冬奥会的重要承办地，肩负着成功举办冬奥会的重要职责。为确保举办一届精彩、非凡、卓越的冬奥会，推动冰雪产业和区域可持续发展，交出冬奥会筹办和本地发展两份优异答卷，需要遵循"绿色、共享、开放、廉洁"的办奥理念，深入实施创新驱动发展战略，推动科技创新与冬奥会深度融合。

张家口市、区政府对城市综合管理、冬奥会赛事保障工作高度重视，始终把相关工作摆在重要议事日程。各单位已经建有不同的业务系统，但各单位现有系统的专业分析预测结果还未得到统一整合和利用，形成对突发事件的可靠预防、全方位监测监控、快速响应、准确预测、快速预警和高效处置的运行机制与能力还存在一定的差距，从城市综合管理层面来看，主要存在着相关系统及资源分散、综合防控监测能力不足、指挥调度能力较弱、辅助决策支撑手段欠缺等问题。

针对指挥中心网络需求，业务接口 IP 化趋势明显，以电路交换为核心的传统网络承载效率低，且传统 MSTP/SDH 设备在网时间长，进入故障多发期，面临过保、备件不足等问题。传统技术步入产业链末期，设备采购成本居高不下，推高建设成本。传统的网络不能够满足指挥中心的业务需求，需要更大的带宽，为用户提供流畅的业务体验，由传统的 E1/V.35 等接口向 FE/GE/10GE/100GE 接口过渡；需要差异化服务，按业务等级提供 VIP 级别的网络质量；需要更高的安全性保障，提供有效的信息安全机制，对网络故障"零"感知。

2. 解决方案

（1）技术方案

各指挥中心之间通过千兆精品光网进行直连，充分降低网络时延，达到骨干网每 1000km 时延为 5.5ms，可以有效进行进度管控、状态查看，实现数据可视化、可管理化精准传输。平台一部分部署在政府本地私有云上，一部分部署在中国电信天翼云服务器上，通过精品专网连接天翼云资源池和 IDC 机房，提供一网通达、云网一体服务，构建政务专属云架构，以适应各个应用场景的需求。

多维数据接入离不开有效的线路保障。利用网络切片技术，实现涉密信息、视频流、会议、融合通信等业务隔离。通过调整缓冲、减少连接，降低城际时延至 3ms 内。依托千兆网络可靠互联，实现多级平台、联合会议的对接，构建多方价值互利共赢的局面，实现了冬奥会网络畅通零故障。联合指挥中心务实重行，依托数据驱动智慧城市的高效运转。通过与 56 个委办局的对接，呈现上万路视频数据，打通气象、水、电、气、暖平台，保障了 400 余场相关会议。发挥千兆网络的优势，做到"应采必采、重点突出、高效适用"，让城市治理、服务模式、产业发展向更合理化、高效化、高质化稳步迈进。

（2）应用场景

为交出冬奥会筹办和本地发展两份优异答卷，张家口市、区两级政府不仅勇担冬奥会保障重任，还肩负起提升城市治理能力、增强民生服务保障、助推创新产业升级的责任。各级政府与电信公司出谋划策，双向布局，将指挥中心打造为可供全国宾客参观的城市会客厅，让世界见证我国绿色、低碳发展的道路。一方面，充分发挥联合指挥中心在冬奥会期间的作用；另一方面，在后冬奥时期，推动智慧城市长效发展，惠及社会民生的长远发展。

① 横向联动保障

在冬奥会期间，某赛区打来排水抢修求助电话，指挥中心启动预案，立即派出市政抢修机动组、卫生健康委员会防疫保障组赶往现场。指挥长调取管网分布图、视频信号及单兵通信，历时 0.5h 完成抢修工作的指挥调度，通过千兆光网+5G 的综合应用，稳定高效地保障了此次抢修的信息交互。

② 纵向应急救治

在冬奥会期间，指挥中心接到运动员救助任务。区指挥长迅速接通省、市指挥中心电话，召开紧急会议。依照救助预案，省指挥中心整体部署，市指挥中心对接协调，区指挥中心调拨应急物资，部署直升机保障救援及医疗专家赶赴现场实施救援。千兆光网的切片应用，构造了救助数据的专用管道传输，为安全救助节省了宝贵时间。

3. 应用成效

在商业价值上，联合指挥中心项目有效拉动了相关上下游产业市场，在冬奥会安保的闭环保障下，联合10多家本地集成商交付运营，为当地带来持续税收。依托标杆形象，推进当地水务、应急、旅游等多部门、多行业的项目签约，转化千万元商机。

（六）案例名称：基于"双千兆"网络的中国国家话剧院智慧剧场应用

1. 案例背景

中国国家话剧院是文化和旅游部直属的国家艺术院团，拥有雄厚的艺术创作资源和辉煌的戏剧文化传统。中国国家话剧院拥有3个现代化剧场，适合不同风格和规模的剧目上演，并以北京为中心、辐射全国。同时加强国际的戏剧交流与合作，竭力为广大观众奉献世界和民族的先进戏剧文化硕果。

目前，我国正处于实施文化产业数字化战略，推动数字文化产业高质量发展、健全现代文化产业体系的关键期，文化产业和数字经济融合发展正迈向新阶段。为加快文化产业数字化发展，推动数字经济和实体经济深度融合，打造具有国际竞争力的数字产业集群，未来必将形成以数字化、网络化、智能化发展为引领的产业创新发展新格局。

因此，剧场数字化转型或建设数字化剧场是未来剧场发展的必然趋势。在创新驱动发展战略之下，数字文化产业逐步实现从"线下"向"线下线上融合"转变；剧场的信息化建设与场馆管理从粗放型向精细化转变；观众与艺术工作者对剧场的服务体验要求由单一项目向全方位多层次"一站式"综合服务转变。

2. 解决方案

（1）技术方案

面对产业发展带来的新机遇，中国联通联合华为公司以5G+F5G"双千兆"网络为基础重新定义智慧剧场。通过"云、网、边、端、业"协同，打造"1+3"架构的智慧剧场解决方案，助力剧场实现向管理精细化、服务全方位"一站式"、演出演播融合化发展。其中，"1"是5G+F5G"双千兆"网络体系，该部分的建设是智慧剧场的核心支撑平台，融合了中国联通"云网边端业"一体化能力和华为音视频技术自主研发能力，面向剧场智慧"业"务应用提供基础设施和应用支撑能力。

面向剧场演艺产业生态，中国联通和华为聚焦重点场景和业务创新。基于中国联通自主研发的智慧剧场运营平台，降本增效，实现持续剧场运营；基于华为自主研发的 HDR Vivid、3D Audio、ChinaDRM 等音视频技术构建融合开放的多元演播生态；基于官方 App/ 小程序、中国联通 App 和华为视频流量入口，结合丰富的线下互动体验，打造一流的剧场服务体验。智慧剧场架构如图 10-11 所示。

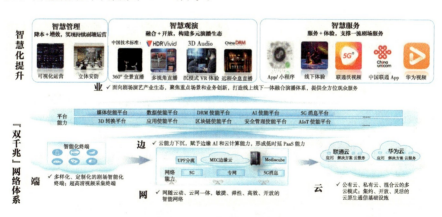

图 10-11　智慧剧场架构

基于以上设计原则，本项目打造了智慧剧场底座，依托联通云构建智慧剧场的基础能力底座，构建智慧剧院资源云池，面向"线上演播、运营管理、智慧服务"等业务场景提供基础资源。中国联通和华为整合各自优势能力构建智慧剧场能力中枢，为剧场的智慧化应用赋能。

（2）应用场景

① 剧场演出演播融合化

面向"双千兆"智慧剧场演出演播融合应用，实现"双千兆"+超高清+VR+多视角/自由视角视频直播，探索更多沉浸式的互动体验，借力互联网进行内容传播与分发，催动线下泛场馆剧目向线上转移，与场馆等产业各方一起构筑演艺行业"新业态"，不仅能够释放自身的多重价值，还能推动整个演艺行业转型升级，如图10-12所示。其中，演出演播体系的融合采用了多种自主创新技术，具体如下。

● 多屏多视角体验提供多维度个性化观看体验，让观众成为自己的导演。

● 2D转3D云端AI实时转换，带给观众身临其境的观影体验。

● HDR Vivid还原人眼真实体验，让"所见成真"。

● 8K VR带给观众超高清全沉浸式体验。

● 3D空间音效让观众仿佛置身于舞台现场，带来极致视听体验。

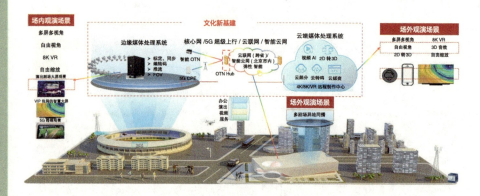

图10-12 剧场演出演播融合化

② 剧场管理运营精细化

针对中国国家话剧院的剧场管理运营需求，本项目打造了"双千兆"智慧剧场管理精细化转型应用场景，智慧剧场的管理涵盖了"人、物、事"各个方面。基于数字孪生技术构建智慧剧场一体化运营平台，打造管理决策的"智能中枢"，同时集成消防、安防、视频监控等智能化系统，打造全方位立体安防体系，实现"剧场状态全可视、事件全可控、人员全管理"。

③ 剧场服务全方位"一站式"

面向剧场服务，本项目打造了线上线下一体的服务场景。线上基于 App、小程序、5G 消息可以提供观前、观中、观后全程的线上观演信息服务。线下打造丰富的观众互动终端。剧场运营是管理方关注的问题，中国联通和华为基于中国联通 App、联通沃视频、华为视频等流量入口，为剧场宣传推广提供内容运营服务。

3. 应用成效

本项目促成中国联通、中国国家话剧院战略合作签约，同时联合中国信息通信研究院，共同成立"5G 智慧剧场联合实验室"，并发布第一个合作成果《智慧剧场解决方案》，为整个行业标准的制定奠定了基础。项目具备一定的行业影响力，必将开启剧场上网、剧目上云的新阶段，也将推出云上舞台的新建设模式和网上剧场的新运营模式，助力文化旅游产业、体育产业发展，服务各级文化旅游管理部门、文化演艺场所、旅游目的地转型升级。

（七）案例名称：基于千兆光网与云计算的智慧观赛

1. 案例背景

杭州是中国继北京、广州之后第 3 个举办亚运会的城市。杭州第 19 届亚运会共有 40 个竞赛大项，首次将电子竞技和霹雳舞纳入亚运会赛事项目，45个国家和地区超1万名运动员参赛。伴随社交媒体时代对智能观赛提出的新需求，杭州第19届亚运会需要依托"双千兆"、4K/8K、VR/AR、AI等技术推进赛事转播全面升级，打造沉浸式观赛新体验。

与传统视频业务不同，为满足超高清视频、多视角、自由视角等创新互动观看视频体验，技术上也面临以下难点，即现场直播需要满足超低时延要求；多路超高清视频同时提供直播服务，需要大带宽传输保障；多机位、自由视角，依赖先进的帧同步技术保证多路视频流播放进度一致；运动员及周边信息的精准推送，需要高准确率AI图像识别能力的辅助。

浙江电信联合杭州第19届亚运会组委会，深度挖掘视频社交媒体属性，综合运用"双千兆"+4K/8K、AI+AR等技术，服务于融媒体的采、编、审、播，推进亚运会赛事转播的全面升级，打造沉浸式观赛新体验。

2. 解决方案

（1）技术方案

方案总体架构如图10-13所示。

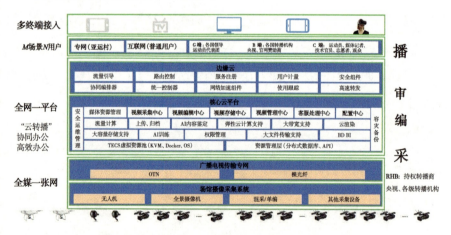

图10-13　方案总体架构

方案主要包括以下三大特性。

- "全媒一张网"即广播电视传输专网服务于所有媒体,央视、各级转播机构和持权转播商(RHB),单个媒体可加装服务专线。
- "全网一平台"融合 CDN 传输、边缘云等技术,服务于"云转播",核心云实现云上制播、协同编辑、联合审核,边缘云实现海量高质量存储、智能媒资调度、智能分发。
- 支持手机、计算机、大屏、PAD、VR 眼镜等多种终端接入,以满足融媒体采、编、审、播,提升 C 端用户观赛体验。

场馆成百上千的各类摄像机的 4K/8K 信号,通过广播电视传输专网汇聚到 IDC,上传至核心云,编辑审核制播后分发,亚运村、奥体中心场馆群等涉亚用户通过专网分发,普通观众用户通过互联网分发。整体方案达到一次采集、协同编辑、联合审核、多元分发。在编审协同、联动运营、多元分发方面通过核心云平台提供了有效能力保障。核心云负责资源的统一调度管理,分配边缘云就近服务,在场馆侧部署天翼云网一体机,增加边缘云节点,将业务分发能力下沉至重点区域,有效保障现场区域在人员高密集情况下的流量分发。图 10-14 为端到端组网示意图。

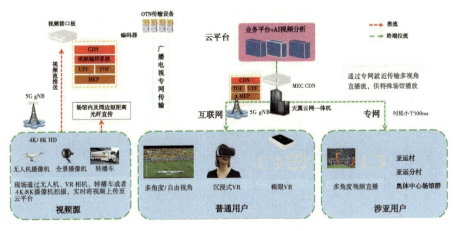

图 10-14 端到端组网示意图

（2）应用场景

① TV 屏直播场景

TV 屏支持 4K 直播，以及 4 路多视角画面同屏显示（1 路 1080P+3 路 720P），不同视角画面切换，选择播放后为 1080P 或 4K 画面。

② 移动终端直播场景

基于移动终端接入，实现超高清视频直播和 VR 观看，以及三大标志性创新体验，即多视角直播自主观看、屏幕远近伸缩观看、自由视角（360° 旋转）随意观看。多视角直播自主观看使观众可以任意选取观看视角，不同视角的视频之间的切换时间小于 1s；屏幕远近伸缩观看使用户通过对播放窗口进行简单的缩放操作，可自由地对视频局部进行放大或缩小，实时追踪画面细节。自由视角（360° 旋转）随意观看，使观众可针对一个目标点进行全方位观看，观众通过拖动屏幕实现拍摄物体的全息视角观看。

3. 应用成效

智慧观赛系统能够灵活、快速实现多视角、自由视角、全景视角和 VR 等视频业务，助力视频应用进入超高清时代。本项目方案获得了杭州第 19 届亚运会组委会的充分肯定和认可，并组织召开了杭州亚运会第一次世界媒体大会和第一次世界转播商大会，对外发布。

在以视频为主流的社交媒体时代，智慧观赛技术既能应用于亚运会这种国际大型赛事，也能精简用于各类小型赛事，除体育赛事外，在文旅行业慢直播、线上云游也已开始落地应用，大到大型演出、晚会、音乐会、演唱会，小到一次访谈、一次采访、一场小剧均能复制应用。

第十一章
数字乡村

一、行业背景

（一）行业基本情况

2022年12月，中央农村工作会议强调"全面推进乡村振兴、加快建设农业强国"。数字乡村是伴随网络化、信息化和数字化在农业农村经济社会发展中的应用，以及农民现代信息技能的提高而内生的农业农村现代化发展和转型进程，既是乡村振兴的战略方向，也是建设数字中国的重要内容。根据我国国家标准《国民经济行业分类》（GB/T 4754—2017），数字乡村包括整个农、林、牧、渔业门类和水利、环境和公共设施管理业门类中的水利管理业（代码76）、生态保护和环境治理业（代码77）、公共设施管理业（代码78）、土地管理业（代码79）大类，以及公共管理、社会保障和社会组织门类中的基层群众自治组织及其他组织（代码96）等大类。

建设数字乡村，提升农业农村信息化水平需要从以下3个方面着手。一是加快乡村信息基础设施建设。宽带网络覆盖与服务性能提升是数字乡村建设的基础。二是发展农村数字经济。注重建立层级更高、结构更优、可持续性更好的乡村现代化经济体系是乡村振兴的核心动力。三是提升民生服务质量与管理水平。推动优质教育、医疗、文化资源普惠，提升乡村治理能力，打造良好宜居的人文生态环境是乡村振兴的重要内涵。

（二）行业需求

围绕以上3个方面主要工作内容，数字乡村建设需求主要包括以下两点。

- 我国幅员辽阔，广大农村地区地形差异巨大，尤其是在山村、丘陵地带的宽带网络建设面临一定挑战。如何为地形复杂的农村地区提供高质量的宽带网络是当前数字乡村亟须解决的一项关键问题。

- 发展农村数字经济，推动优质教育、医疗、文化资源普惠，提升乡村治理能力需要依托数字化的乡村基础设施建设水平。如何夯实数字农业基础，改变农业生产方式，创新农村农产品流通体系，构建乡村服务新业态是当前数字乡村亟须解决的关键问题之一。特别是农村地区基础设施呈现分布式特点，农业农村发展新业态中的超高清安防监控、直播带货、乡村电商、VR/AR旅游等服务需要宽带网络具备大带宽、低时延、广覆盖的网络传输能力。

（三）千兆光网解决行业痛点

当前，千兆光网在乡村振兴领域逐步展开应用探索。在地形复杂地区的宽带建设方面，新型千兆光网组网技术推动乡村宽带建设。依托新型ODN组网方案及Air PON技术实现山区光纤到户，为数字乡村建设提供坚实网络基础。在发展农村数字经济方面，千兆光网融合物联网、大数据等技术赋能农业生产现代化。千兆光网连接农作业种植传感器终端，采集当地土壤、水质、湿度、温度等环境信息，并将信息回传至数字乡村平台，在数字空间模拟农作物种植情况，赋能智慧大棚、智慧农田；千兆光网支撑乡村高清直播带货、构建乡村电商与物流体系，加速农村农产品市场流通。通过"千兆光网+"打造数字乡村内容生态，如 VR 旅游、乡村云广播、乡村管理平台等系列应用，推动乡村数字经济与网络文化发展，不断提升乡村数字治理能力。

（四）千兆光网行业规模化应用分析与总结

当前，千兆光网在数字乡村行业仍处于应用探索阶段，在创新网络建设、赋能乡村数字经济、打造乡村数字内容生态等方面多点开花。随着我国实施乡村振兴战略的重大决策部署，数字乡村建设稳步推进，农村宽带基础设施建设水平得到极大提升。电信普遍服务试点工作逐步深入推进，带动偏远乡村逐步实现宽带覆盖，2021 年年底我国已实现未通宽带行政村数量动态清零。当前，农产品直播带货，农村电商在宽带网络的支撑下蓬勃发展，率先在各地推广应用。但是由于目前农村地区千兆光网覆盖率仍然不足，数字乡村平台、智慧农业、乡村 VR 旅游等促进乡村数字化转型的关键应用仍然无法广泛应用。

总体来看，千兆光网在数字乡村中的应用主要面临以下问题。一是市场驱动力不足，网络建设成本高。单纯以财政补贴推动农村地区千兆光网建设缺乏可持续性，因此需要探索更为高效的网络建设，推动本地乡村居民积极参与网络建设，降低运营商建设运维成本。二是支撑技术、服务尚未成熟。数字乡村平台需要大数据、人工智能、数字孪生、高精度传感等技术与服务支撑，目前整体融合服务能力还有进一步发展的空间。三是应用成本较高，试点难扩大。数字乡村试点示范大多由地方实施，建设标准、接口等均存在明显差异，商业和运营模式有待进一步探索。

二、案例介绍

（一）案例名称：四川移动千兆数智光网加速大凉山彝族自治州数字乡村发展

1. 案例背景

全球新一轮科技革命、产业变革方兴未艾，物联网、智联网、大数据、云计算等新一代信息技术加快应用，深刻改变了人们的生产生活方式，引发经济格局和产业形态深度变革，形成发展数字经济的普遍共识。

党中央、国务院高度重视网络安全和信息化工作，大力推进数字中国建设，实施数字乡村战略，加快千兆光网建设进程，为发展数字农业农村提供了有力的政策保障。信息化与新型工业化、城镇化和农业农村现代化同步发展，城乡数字鸿沟加快弥合，数字技术的普惠效应有效释放，为数字农业农村发展提供了强大动力。但也应该看到，数字农业农村发展总体滞后，面临诸多挑战，偏远农村信息网络发展基础薄弱，资源管理和巡线运维困难，面向广大农村的信息化服务水平和农村农业数字化研究应用，与其他领域相比明显滞后。

本项目位于四川省凉山彝族自治州，大部分区域为山区，光纤覆盖距离远、地形复杂，网络故障定位困难；一分端口资源不准，大量资源冗余需人工清理，端口准确率难以保证。为了高效建设农村基础网络设施，网络的数智化转型势在必行。

2. 解决方案

（1）技术方案

2021年开始，四川移动携手华为，以光纤资源的可视、可管为理念，构建领先的数智化光纤运维体系，应用光虹膜技术，实现主动预测性运维。光虹膜技术是在ODN的分光器输出端，人为蚀刻微环结构，改变输出端光信号的相位，以此为每一路光信号赋予一个独特的"ID"，并分析行至OLT的光信号，通过AI算法获取ODN的健康状态。该解决方案也被称为"数智ODN"解决方案。

该方案的物理层面包含三大模块。首先，小区光交一级分光器替换成光虹膜分光器，标识不同端口的不同分路的光信号。其次，部署在OLT机房的OSU（光开关单元）部件负责抓取光路并合成后推送到OAI（光学人工智能）头端，OAI头端对光路信号进行采集，对原始数据处理后上传到数据分析系统，最终实现网络资源拓扑可视、弱光故障可视。

该方案的架构主要包含数智ODN感知系统、OAI、OSU、虹膜智能一分。通过光相干+光虹膜探测，实现PON光路损耗主动监测，"无人巡线"，提前识别弱光隐患；在PON光路出现故障时，精准分责和定位，精准派单，提升运维效率，保障网红直播等高品质业务体验。结合光虹膜及AI技术，可实现PON光路"在线""免上站"，一分、二分端口资源清查，提升一次放号成功率；降低无效扩容投资，提升资源利用率，提升千兆光网覆盖。图11-1为"数智ODN"方案示意图。

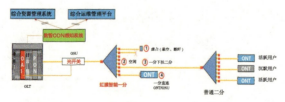

图11-1 "数智ODN"方案示意图

"数智ODN"方案依托于光虹膜技术带来的高精度光路数据采集能力和高度智能化算法,实现光纤网络的可视、可管、可维,真正做到了"让光纤哑资源开口说话"。在资源管理方面,该方案可以智能呈现光路端到端拓扑结构,实现自动资源清查及光分路端口状态监测,资源准确性可达99%;在运维方面,其通过光虹膜映射技术,可以识别主干、配线、入户段光缆资源,使得光路故障拓扑可视,完成故障精准定界、定位,并可以通过实时在线监测能力,实现动态插入损耗监测、弱光提前定界,大幅提升故障恢复效率。

(2)应用场景

① 拓扑结构可视,分光器端口状态精准

光虹膜"数智ODN"精准扫描和识别端口状态,建立ODN设备及端口的连接关系网,自动还原网络拓扑,实现端口资源可视、可管,如图11-2所示。

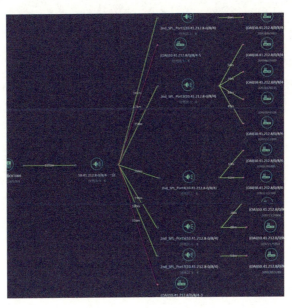

图11-2 网络拓扑可视

② 远程精准故障定位、派单，提高运维效率

"数智ODN"方案可以对ODN链路进行主动扫描巡检，并及时发现现网链路故障，实现分钟级定障、精准米级定位。相较于传统ODN，当链路发生故障时，"数智ODN"不再需要运维人员沿光缆路由进行巡检，而是直接排单上站进行修复，平均故障修复时间从4h缩短到1.5h。

3. 应用成效

"数智ODN"方案在四川省凉山彝族自治州的应用，成功解决了传统山区网络管理难、运维难的问题，实现全网数据精确管控、全网故障秒级定位及全网品质高效保障。该方案自实施以来，光纤网络故障恢复效率提高50%，单机房每年运维时间节省2475h。ODN拓扑清晰可见，端口资源准确率提升到了95%。同时依托系统的在线检测能力和潜在质差的分析能力，提前识别并处理网络的潜在故障点，做到真正主动服务客户。

该标杆项目通过"数智ODN"方案构建乡村无人值守宽带网络建设新模式，可以切实有效地改善农村新型数字化应用基座的能力，为深化农村数字应用，加速普惠共享提供坚实的基座。在新一轮数字乡村发展中，数智ODN将推动农村互联网应用成本下降，带动农村数字化服务不断完善，促进农村经济业态、生活服务、文娱、医疗、教育等的丰富繁荣。

（二）案例名称：基于数字化的光网新型ODN在乡村振兴中的应用

1. 案例背景

2020年，云南实现了全省行政村光网通达的目标，光网覆盖了全省所有行政村，极大改善了农村信息通信基础设施，提升了乡村经济的数字化

水平，也让老百姓切实体会到了光纤宽带为当地经济、社会、教育等各方面带来的发展变化。

但是，云南山区面积占比达89%，农村住户分散，在行政村已通光网的基础上，仍需持续开展行政村以下至自然村的光网覆盖。例如，云南单个行政村面积的中位数为$20km^2$，每行政村内的自然村（村民小组）数量中位数为11个、多沿道路呈现狭长分布，仍然有不断延伸覆盖的需求；另外，随着经济社会的发展，村民翻新和新建房屋、商铺及临时设置的工地宿舍、养殖/种植场等，也不断带来了已覆盖区域的光网零星增补的覆盖需求。为落实中央10部门印发的《数字乡村发展行动计划（2022—2025年）》关于"推进乡村信息基础设施优化升级。……逐步推动5G和千兆光纤网络向有条件、有需求的乡村延伸"要求，云南电信通过对全省全量1.2万个行政村所属的13万个自然村进行数字化需求分析和一村一案光网覆盖的梳理，发现有4.2万个自然村、180万农村住户有光网延伸覆盖和零星补点覆盖的需求。

面对业务需求，在云南山区农村光网的覆盖和业务推进实践中，采用传统ODN存在自然村单点实施规模小，熔纤测试工序技能要求高，完工资料需人工录入资源系统，建设、运营、安装与维护队伍往复调遣、全链条实施效率受限等问题。为实现地形复杂农村光网快速开通，云南电信依托新型ODN技术，创新农村光网覆盖的物料和施工工艺，让物料变轻，减少现场组装和熔纤环节，适配链装和稀疏覆盖场景，简化农村光网施工工艺，推动流程数字化，提升资源录入环节和管理的准确性，提升农村光网建设、运营、安装与维护全链条效率。

2. 解决方案

（1）技术方案

新型 ODN 采用 1∶9 不等比光芯片方案，在一个 PLC 光芯片完成等比和不等比分光的集成的同时，熔接衰耗降低 0.15～0.3dB，分光器的成本也进一步降低，实现了分光箱链状组网的商用化。此外，新型 ODN 不等比分光器的工作波长与传统分光器波长相同，在 1260～1620nm 波段实现了平坦衰减，避免了熔融拉锥方式的不等比分光仅支持特定波长段落的缺陷，因此，新型 ODN 不等比分光器天然支持 XG（S）PON、10Gbit/s EPON 等千兆光网技术，以及中国广电 1550nm 全光 PON 广播网等系统，后续可持续支持农村光网 10Gbit/s PON 升级。

同时新型 ODN 创新超低损连接器，通过提高模具精密程度，让插芯同心度达到微米级。插接时，采用调芯技术使插芯偏心度差减少 40%，使插入损耗降低到 0.15dB，在实现现场免熔接的基础上，确保插入损耗与熔接方式相当。新型 ODN 方案采用勘测设计一体化工具，手机 App 下载施工区域图纸，GIS 方式指导施工，勘测添加设备节点和光缆路由，勘测即设计，设计即自动输出物料清单，一键式转换出施工图纸和物料清单，施工人员按单扫码领料，在现场安装后即扫描现场，自动录入资源系统，可减少中间施工人员手绘草图、资料员重新绘制 AutoCAD 图纸等环节，避免数据传递错误。

（2）应用场景

2022 年，云南电信已在全省自然村光网零星补点、稀疏场景延伸覆盖、工地宿舍/种植场等临时覆盖场景，开展基于数字化的新型 ODN 覆盖应用以及与之适配的建设、运营、维护流程加速。

① 自然村光网零星补点、稀疏场景延伸覆盖场景

支局营维一体人员在日常放装和营销中收集用户需求，如有零星补点

和延伸覆盖需要，立即提起新型ODN物料领料需求。

一个自然村光网覆盖所需的新型ODN物料通常为4个分光箱、4根200m定长预制光缆，每个自然村总重约30kg以内物料，县区公司通过县乡客运班车、便车即可当天发至乡镇支局。由于现场无须从区县调遣施工单位熔纤技工，且物料轻便，可由常驻乡镇的1名营维一体人员，在乡镇收到物料后，带至现场花1天实施即可完成。乡镇至自然村的往返通常可以控制在1天内，实施效率可提升至50%（按有效出工日／总计工日）。

② 工地宿舍、种植场、养殖场等临时覆盖场景

自然村通常存在工地宿舍（如高速路、铁路、水利工程等基建）、种植场、养殖场等临时需要覆盖光网的区域。但是这些建筑或者覆盖地点通常不是固定的，基建工地两三年施工完成后，彩钢板的工地宿舍即搬走；自然村种植场、养殖场、工棚等光网覆盖需求区域经常变化。如采用传统ODN完成光网覆盖和接入，覆盖区域搬迁或点位发生变化后，原先部署的光缆、分光分纤盒拆除利旧的价值低，但新型ODN的预制成端光缆、分光分纤盒都是插接接续，可拆除后重新利旧。

3. 应用成效

在实施效率方面，采用新型ODN设施，已实际提升了云南电信部署自然村光网施工效率。云南电信采用新型ODN设施开展自然村光网覆盖，单端口工费压降50%～60%，单端口总体造价（材料＋工费）压降20%～30%。新建端口完工2个月内实占率达到42%，发展的宽带用户同时开通了天翼高清4K、天翼看家（乡镇版），新型信息化基础设施的高效部署，有效提升了农村居民的数字消费质量，并为农村地区产业的发展提供了便利的数字化条件。

云南电信新型ODN应用模式降低了光网建设总造价。偏远的乡村也

可以被千兆光网络覆盖，村民在享受网络带来的便利的同时，可以更好地生产生活。较为典型的如曲靖市的宣威市和马龙区，新型 ODN 加速覆盖了当地自然村光网，农户采用光网 +Wi-Fi 直播售卖当地特产，销量提升 50%；玉溪市新平县、元江等河谷区域规模化种植的热带水果园区、柑橘种植园区，采用新型 ODN 实现光网快速布放和重复使用，视频监控、数据采集等部署实现千兆接入，相较于原先采用 4G 回传方式，速率提升 300%；保山市、文山壮族苗族自治州等州市的农村，2022 年采用新型 ODN 完成 2 万户自然村农户覆盖，通过新型 ODN 新接入数字乡村摄像头 1.6 万路，有效支撑当地乡村治理改善。

（三）案例名称：依托"互联网+"和千兆光网，助力森林防火防控体系

1. 案例背景

2021 年四川木里"3·30"森林火灾，造成 27 名森林消防指战员和 4 名地方干部群众牺牲，震惊全国。经统计，2021 年我国共发生森林火灾 616 起，受害森林面积达到 42.92 km^2。森林火灾对人民生命财产和公共安全产生极大的危害，对国民经济可持续发展和宜居生态安全造成巨大威胁。

昆明市禄劝彝族苗族自治县森林覆盖率高达 61.62%，全县面积 4233 km^2，但人口只有 37.8 万，整个县山区多、范围大，人口少，全县相对海拔高差 3501m，各乡镇之间相对分散且距离较远，因此，及时发现火情是森林防火工作的重要环节，森林防火工作成为禄劝彝族苗族自治县林业和草原局的重要工作之一。现在主要的森林防火监测主要有以下 4 种方式。第 1 种是地面巡护方式。这种方式工作量大、效率低、时效性差，不能及时发现险情。

第2种是卫星监测方式。该方式为国家层面建设,实时性差,分辨率低。第3种是航空监测方式。该方式受航线、时间、天气限制,无法实现24h监测。第4种是瞭望塔监测方式。该方式的优点是可实现24h监测,不受气候和地形条件限制,因此是现在森林防火监测比较主流的方式。其缺点是铁塔、光缆、电源建设投资大,建设时间长,要求维护人员专业化,维护成本高。搭建一个投资少、建设周期短的瞭望塔监测系统成为政府部门的迫切需求。

2. 解决方案

（1）技术方案

一个林区防控系统通常包含监控平台、传输和前端监控设备3个部分。监控平台和前端监控设备的投资固定,降低投资只能通过节约平台和终端之间的传输投资和缩短建设周期来实现。昆明自然村PON覆盖率已超过90%,PON资源丰富,PON的无源特性又便于维护,因此光缆建设投资几乎可以忽略。现有的农村通信铁塔所在位置一般都比较高,并且配备完善的后备电源系统,确保24h设备在线。利用"PON+通信塔"方式,使得搭建投资少、建设周期短的林区监控系统成为可能,通信基站安装热成像摄像头如图11-3所示。因此,本项目利用现有的农村PON和通信铁塔,建设一个速度快、成本低的瞭望塔监测系统。

图11-3 通信基站安装热成像摄像头

相较于"普通光缆+塔"方式组网，利用"专用PON+通信塔"方式组网有以下优点。

一是成本低廉。利用现网通信塔、电源、PON资源，不需要新建设传输系统；用户只需每年3000～5000元，即可由电信公司进行维护；而使用传统组网方式，整个传输加上铁塔最少需要10万元以上的建设成本，每年的维护费用也较高。

二是开通迅速。利用已用资源，单站建设仅需3～5天；而使用传统组网方式，需要新建瞭望塔、光缆、电源，单站建设最少30天以上。

三是易于维护。利用通信塔、电源等设施，PON无源设备维护便利，OLT设备双路由、双上行、双备份可靠性好。

四是保密性好。采用专用OLT设备和ODN，全网物理隔离，与专网组网的保密性一致。

（2）应用场景

利用"专网PON+通信塔"方式组网，点、面结合，可以建设成本低廉、方便维护的防控体系。在林区监控方面，可以减少人力监测效率低的情况；并可以实现森林生物多样性的无人监测；在环湖区域监控方面，可以利用环湖公路的通信铁塔和PON，实现对封湖禁渔期的湖面进行渔船和人员监测，以及湖区、湿地的生物多样性无人监测；在地质灾害监控方面，旱季需要监测火情，雨季则需要进行山体滑坡和泥石流的监测。

3. 应用成效

结合云平台，"专用PON+通信塔"方式组网实现全天候实时的自动探测、自动定位、自动报警的智能化防火体系，整个系统建设周期缩短了80%；火情响应时间缩短了60%，建设运营成本降低了40%，实现了林区防控"耳目化"。"专用PON+通信塔"方式组网助力"森林卫士"迈入数字化、智能化的新时代。

（四）案例名称：千兆光网赋能乡村振兴

1. 案例背景

乡村振兴战略是党的十九大提出的一项重大战略，是关系全面建设社会主义现代化国家的全局性、历史性任务，是新时代"三农"工作总抓手。数字乡村是乡村振兴的重要途径，是数字中国的重要领域，实现乡村全面振兴，要以乡村"产业振兴、人才振兴、文化振兴、生态振兴、组织振兴"5个振兴为方向，立足实际、选准路径、重点突破、统筹推进。

数字乡村产品是依托大数据，集物联网、区块链、人工智能等信息化技术进行重构和升级于一体的综合平台，天津联通利用云网一体、属地运营的优势，面向农业管理部门、农资企业及农户，以兴业、强村、富民为切入点，基于"带动乡村经济、协助乡村治理、支持乡村服务"的建设理念，打造的数字乡村产品。通过该平台可使乡村的政务、治理、文化、教育、医疗、商贸及农业等真正走上数字化转型的道路，从而推动数字经济的发展，加快数字乡村的建设步伐。

2. 解决方案

（1）技术方案

天津联通数字乡村产品采用四横三纵的架构体系，"四横"是指数字乡村感知系统、数字乡村传送网络、数字乡村大脑、数字乡村三屏；"三纵"是指数字乡村指挥调度系统、数字乡村信息安全系统和数字应用中心。天津联通数字乡村架构如图11-4所示。

感知层是数字乡村的"神经元"，实现三农数据的采集，通过遥感卫

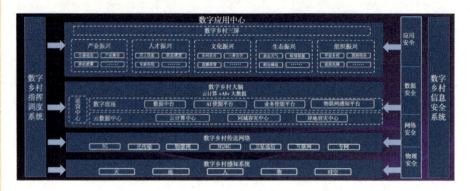

图 11-4 天津联通数字乡村架构

星、无人机、农业传感设备、气象站、视频监控设备、移动式环境监测设备等一系列监测手段建立天空地一体化的乡村立体感知体系。天基采用遥感卫星获取大面积、粗粒度的作物叶面积指数、作物类型及耕地和建筑设施的地理信息等数据;空基采用无人机获取区域内细粒度的农业农村环境数据;地基采用农业传感设备、气象站、视频设备、移动式监测设备获取定向范围内精准农业农村环境数据。天空地三维数据有效互补,共同构筑全方位立体的数据采集体系。

  连接层实现数字乡村各类数据的安全、可靠、高效传输,包括移动通信网、有线网、视频专网等多种网络进行数据传输。针对农业农村不同场景的连接需求,因地制宜,采用适合的连接方式予以满足。移动通信网适用于农田等有线网络难以覆盖或覆盖成本高的农村场景及农民个人移动设备接入,当前4G网络在乡村部署较为完善的情况下,充分发挥4G潜能,满足现阶段数字乡村移动场景数据传输的需求,加快推动LTE Cat.1的应用,利用其覆盖效果好、低成本、低功耗的优势,承载数字乡村的中低速物联网连接场景需求,为数字乡村建设提供更高性价比的选择;同时加速推动5G在数字乡村各种必要场景的应用试点,满足大带宽、低时延、大连接的各类需求,探索复制推广的模式和路径;4G与5G有效互补,协同构建面向未来数字乡村的移动网络连接能力。千兆光网基于其稳定性优势，适用于村民家庭和村庄内固定场景的网络连接需求。视频专网适用于农业生产视频监控、平安乡村视频监控等农业农村各类大带宽视频传输场景。固定网络和移动网络相互协同，共同构筑数字乡村坚实的信息基础设施体系。

承载层是数字乡村的 IT 系统底座，包含数字乡村云平台及边缘云平台，数字乡村云平台实现数字乡村整体数据和应用的存储及运行，边缘云在贴近用户的网络边缘实现时延敏感类、视频大流量类任务的处理，加快无人农机、平安乡村视频智能识别等农业农村领域关键场景的响应速度，云边协同共同构筑数字乡村数据和应用的存储及算力环境。

（2）应用场景

数字化治理实现"三端"展示。数字乡村产品通过数据大屏端、IPTV 中屏端、手机小屏端三屏互动方式，将工作流、数据流、汇总流结合起来，完成对乡村数字经济发展的全面助力。数字乡村"三屏"体系产品应用架构如图 11-5 所示。

图 11-5　数字乡村"三屏"体系产品应用架构

数据大屏端：面向市、区、乡镇、村各级政府。侧重数据展示，解决基层数据公开、政府统筹管理的问题，从不同维度实现乡村基层数据全方位展示。提供包括乡村大脑、居家养老、乡村综合治理、乡村党建、积分驿站、补贴发放、农业产业等功能。

IPTV中屏端：面向村民。侧重服务，通过TV提供数字乡村服务，尤其是为乡村老年人或者无手机人员提供服务，方便村民随时了解信息，提升村民幸福感和参与感。提供包括红色电影、TV外教、TV问诊、TV健身等功能。

手机小屏端：面向市、区、乡镇、村各级政府。侧重管理，实现日常办公高效管理、全面掌握基层数据、政务公开精准传达、服务能力显著增强，达到乡村振兴、高效治理的效果。针对干部提供包括"乡村大喇叭"、党建先锋、下户走访、OA审批等10余项功能；针对农户提供包括百姓诉求、专家在线、发布买卖等10余项功能。

3. 应用成效

数字乡村平台的应用为千兆光网广泛部署于农村提供了良好契机。通过产品部署和分级分权应用，实现村级基本公共服务的网上运行，使乡村政府能够方便、快捷、个性化地提供公共服务，解决居民对乡村公共服务的需求日益增长的问题，逐步提升村级服务信息化水平，提升居民的幸福感；通过乡村平台中的党建引领功能，加强党的农村基层组织建设和乡村治理功能，推进村委会规范化建设和村务公开的"阳光工程"，推动就地解决矛盾纠纷，深入推进平安乡村建设。提升乡村治理智能化、细致化、专业化水平；通过千兆光网入户部署，深入推进电子商务走进农村和农产品出村进城，全面促进农村消费水平提升，推动便利化、精细化、品质化发展，满足农村居民消费升级需求，同时也促进农产品出镇产生经济效益。

（五）案例名称：千兆光网＋智慧云散养牛融合应用

1. 案例背景

吉林省农业投资集团科技投资有限公司成立于2016年8月25日，是吉林省政府出资设立的农业专业化投融资平台，拥有二级企业7户，全级次企业65户，资产总额近200亿元。旗下大成集团拥有大成生化科技集团有限公司和大成糖业控股有限公司两家在香港上市的公司。包括畜牧服务公司、电商、农贸市场、三农（农业、农村、农民）群体等。

为助力乡村振兴，解决农民在资金、技术、渠道等方面欠缺问题，吉林电信联合吉林省农业投资集团科技投资有限公司依托千兆光网强大的数字底座，结合 NB+Wi-Fi+5G 全面互联，融合 AI、大数据、云计算技术，搭建两大平台，通过三大场景和四大应用，打造了一个全新的"数字牛业"产业链。

2. 解决方案

本项目以千兆光网为底座，利用中国电信千兆光网、云网融合和综合数字化服务能力，采用区块链技术打造生物资管数字化平台，为养殖业的产业数字化提供了安全、可靠的环境，实现了智能技术和传统养殖业的新型有机结合，突破关键技术瓶颈，创新产业模式，具有广泛的市场前景和经济效益。

（1）技术方案

项目针对零散的农户养殖、村集体养殖和专业养殖场3种不同的场景，提供差异化的 PON 方案。

在分散的农户养殖场景下，因为畜牧业目前大量养殖户牧区较小，还未形成规模，单独建网成本高，利用吉林电信现网千兆网络可以快速实现养殖户的各种智能终端接入,部署快,投资小。对此场景,项目团队直接利用现有 FTTH 网络和宽带 / 专线方式,在原农户一条 FTTH 宽带上网的基础上,为农户开通第二宽带 / 专线,将 ODN 分支光纤拉到农户养殖场的信息点位,通过专用 ONU 实现养殖场摄像头、IoT 小基站等设备按 1∶1 单信息点或 1∶N 多信息点实现就近汇聚接入。根据农户养殖场位置、范围、信息点类型 0、数量等,按需配置,提供百兆宽带至千兆宽带,提供网络规划设计、工程部署及服务维护。

在集体的养牛村场景下,传统方式是 OLT 部署在县镇机房内,通过 PON 口和 ODN 覆盖到村,考虑到乡村距离较远,采用 1∶8、1∶16 等小分光比模式。由于信息点位数量和带宽需求大幅增加,原 PON 接入能力不足,需要扩容 PON 和 ODN 端口数量,升级带宽能力,但很多村庄面临着升级扩容的实际困难。如果新增站点,则受传输、机房等资源制约,投入大,审批难,周期长。因此,采用 OLT 下沉到村的部署模式,如中兴通讯提供的 Light PON 方案,包括 1U 或 2U 小型化的 128 个 /256 个用户容量的盒式 OLT 灵活按需下沉部署,配套室外一体化机柜实现免站点机房部署,还可配合最新的 ODN 预端接技术和智能可视化方案,降低边远乡村场景 ODN 施工的技术要求,提升效率和部署敏捷性,保障 ODN 工程质量。

在专业养殖场场景下,基于传统提供各种专线业务,开拓 2B 综合信息化、数字化业务。打造 5G 行业专网 + 工业 PON 行业企业内网 + 天翼云及数智算平台赋能 + 养牛行业集成应用模式。工业 PON 是面向基于传统工业以太网的行业企业内网的升级替代技术。基于全光网工业 PON 技术,采用对称型 XGS PON 方案,统一规划建成广泛覆盖养殖区、办公区、储运区、生活区等极简融合的千兆光纤网络,实现有线通信、无线通信、视频通信、数字安防、工业互联、环境传感等多业务/新业务的统一融合接入。整个工业 PON 由一套综合网络管理系统管理，实现网络操作、维护管理可视化，运维成本大幅降低、运维效率提升，综合运维成本可节省 45% 以上。"千兆光网＋云散养牛"整体框架如图 11-6 所示。

图 11-6 "千兆光网＋云散养牛"整体框架

（2）应用场景

① 多路 AI 高清视频大宽带实时回传

XGS PON 技术提供了 10Gbit/s 上行带宽能力，可以满足此场景多路高清摄像头汇聚流量需求，并提供低时延，满足 AI 需求。PON P2MP 拓扑结构目前最适合牛舌末端多摄像头接入组网，而 PON 组网的高性能，也保证了农村地区在风雨暑寒、电磁雷击自然环境中，网络通信的稳定性和可靠性，从而保障了视频回传和视频质量的稳定可靠。多路 AI 高清视频大带宽实时回传如图 11-7 所示。

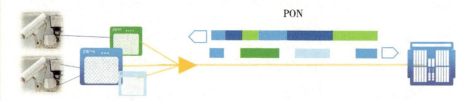

图 11-7　多路 AI 高清视频大带宽实时回传

② 牛体设备无线接入光网回传

牛体设备通过 Wi-Fi、蓝牙、NB 技术以无线的方式与安装在牛舌附近的 IoT 小基站进行对接，IoT 小基站通过 PON 接入网回传，并通过千兆光网最终实现与数字养牛平台的对接交互，解决活体牛只频繁移动时高频次的大数据采集问题。

3. 应用成效

作为一个省级服务项目，如今平台每个月新增养殖户20多户，新增牛只2000余头，已覆盖牧场农户242家，在养牛共21738头，有了如此规模的服务基础，目前项目总融资规模达2.9亿元，累计创收6000万元。自2021年项目一落地就得到社会多方及主流媒体的认可与好评，推广成效喜人。本项目特别适用于全国农村地区种植、养殖数字化创收，在运营阶段具备"投资小、实施快、应用广"的三大特点，推广复制价值高。